浩瀚

immensity

Theory and Applications of
Port Spatial Structure Iterative Optimization:
Key Techniques Based on
Analysis and Construction of Ship Behavioral Chain

港口空间结构迭代优化方法及应用

——基于船舶行为链解析和组构的关键技术

沈忱 王达川 郝军 张民辉 著

上海科学技术出版社

图书在版编目（CIP）数据

港口空间结构迭代优化方法及应用 : 基于船舶行为链解析和组构的关键技术 / 沈忱等著. -- 上海 : 上海科学技术出版社, 2024.1
ISBN 978-7-5478-6400-5

Ⅰ. ①港… Ⅱ. ①沈… Ⅲ. ①港口－空间结构－研究 Ⅳ. ①U652.7

中国国家版本馆CIP数据核字（2023）第205307号

港口空间结构迭代优化方法及应用
——基于船舶行为链解析和组构的关键技术
沈　忱　王达川　郝　军　张民辉　著

上海世纪出版（集团）有限公司
上海科学技术出版社　出版、发行
（上海市闵行区号景路159弄A座9F-10F）
邮政编码 201101　www.sstp.cn
上海新华印刷有限公司印刷
开本 787×1092　1/16　印张 10.75
字数 200 千字
2024 年 1 月第 1 版　2024 年 1 月第 1 次印刷
ISBN 978-7-5478-6400-5/U·145
定价：125.00 元

本书如有缺页、错装或坏损等严重质量问题，请向印刷厂联系调换

内容提要

港口空间结构迭代优化方法及应用

  本书秉持"高水平港口资源规划,优化高效率港口资源利用,催生高性能港口空间结构,促进高效能港口运营系统"的规划理念,以船舶为视角,串联港口各资源要素的利用过程,创造性提出船舶行为链概念,并以船舶行为链为"引",以多目标多维度评估指标体系为"尺",以模块化可重构的港口空间结构性能演算系统为"器",通过数据知识库、实践应用导则等媒介,对以往港口规划方法进行总结,对最新量化分析技术融入港口空间资源协同规划进行提质增效,创建了港口航道-锚地-泊位空间资源迭代优化方法,形成了一种可拓展、可复制、可推广的解题思路和技术手段。书中摘选了四个典型应用实践案例,以便读者更好地理解基于船舶行为链的港口空间资源迭代优化方法和关键技术。

  本书是针对新时期提升港口规划水平和技术能力的开创性探索研究,旨在推动新理论、新方法和新技术在交通运输规划、设计、评估等领域的示范和应用,提升港口规划的科学性、全面性、引领性和指导性,助力实现港口行业现代化、智能化、数字化、信息化的高质量发展新业态。书中提出的港口空间结构迭代优化方法,可为从事港口规划的业内人士、港口行业行政主管部门的工作人员,以及学习相关专业知识的高校学生等提供经验借鉴和思路启迪。

编委会

（按姓氏笔画顺序排列）

交通运输部规划研究院

丁文涛　冯　云　朱鲁存　齐　越　孙　平
孙　路　李　蕊　李宜军　李善友　李勤荣
陈　飞　陈　沫　房　卓　赵鑫哲　胡　怡
查雅平　姚海元　梅　蕾　董　敏　粟雅磬
　　　　　　　　甄中函　薛天寒

大连理工大学

王文渊　赵卓瑶　姜　影　唐国磊　彭　云

大连海事大学

李元奎　李高才　张新宇　郑康杰　郭文强

前言

港口空间结构迭代优化方法及应用

水路运输是经济社会发展的基础性、先导性产业和服务性行业,是综合交通运输体系的重要组成部分。港口是水路运输的核心载体。应用现代化信息技术手段全面提高港口规划、建设、运营、管理的水平和效率,是推动经济社会高质量发展,实施交通强国、贸易强国、海洋强国等战略的重要举措,也是落实建设社会主义现代化强国战略部署的重要内容。随着各行各业切实落实强国战略、着力推动高质量发展,作为关键的国民经济和社会发展重要支撑,以及服务构建新发展格局、畅通国内国际双循环的重要保障,水运行业力争成为先行官和领航者。

为了更加有效地支撑新形势下水运行业高质量发展新要求和港口提质增效需求,围绕港口规划方法适应性不足、港口规划分析数据支撑不够、港口空间结构性能量化技术存在短板、港口空间结构评估标尺缺乏等港口规划难点和痛点,传统港口规划和运营管理亟须转型升级与改革创新,进一步推动新理论、新方法和新技术在交通运输规划、设计、评估等领域的示范和应用。

面向新时期提升港口规划水平和技术能力提升等需求,交通运输部规划研究院课题组融合自身专业优势,积极开拓、技术创新,从港口资源集约、高效利用出发,开展基于船舶行为链的港口空间结构迭代优化技术方法及应用实践,协同大连理工大学、大连海事大学等高校攻坚克难,理论联系实际,探索全方位、多维度、普适性的港口空间结构迭代优化技术方法,对于解决诸如已建港区码头改扩建、新建港区空间功能规划、港口多规划目标协同优化、复杂水域航道布局优化和通航环境改善等港口规划布局具体问题具有积极的引导作用和参考价值。

在全体参与人员的共同努力下,本书总结了近五年我国沿海港口的相关规划技术成果和实践经验,形成的可拓展、可复制、可推广的一揽子解题思路和技术路径,已经成功应用到我国数十个沿海港口,有效地支撑了相关港口空间资源高效利用及港口规划修订或调整的批复;在促进港口空间结构优化、提升港口船舶服务效能、推动我国港口规划的数字化和精细化转变等方面的借鉴意义和示范效应明显，有助于加快形成港口行业现代化、智能化、数字化、信息化的高质量发展新业态。

本书第1章介绍了基于船舶行为链的港口空间结构迭代优化方法相关研究背景、当前规划难点及主要研究内容；第2章从多模态船舶行为链数据识别、多目标多维度评估、港口空间结构性能演算、航道-锚地-泊位空间资源迭代优化等四部分详细介绍具体关键技术；第3~6章分别甄选四个典型实践案例展示港口空间结构迭代优化方法的应用过程；第7章总结了本规划方法的应用前景和推广方向。

本书在研究过程中得到了交通运输部综合规划司、各沿海港口相关行业主管部门、相关项目设计单位等的大力支持和鼎力协助，并获得国家重点研发计划2020YFE0201200的支持，编写过程中参考和吸取了国内外专家、学者的研究精华和宝贵成果，在此致以衷心的谢意！受限于研究资料和作者自身科研水平，本书难免有不足或不妥之处，恳请广大读者朋友批评雅正。

著 者

2023年8月

目录

1 绪论 1

1.1 研究背景 /2
1.2 港口规划难点与瓶颈 /3
1.3 技术方法体系架构 /4
1.4 主要研究内容 /4
　1.4.1 船舶动态追踪及识别 /4
　1.4.2 港口空间结构匹配水平量化 /6
　1.4.3 港口空间结构性能分析及可视化 /7
　1.4.4 港口空间结构优化方法 /7

2 港口空间结构迭代优化关键技术 9

2.1 多模态船舶行为链数据识别系统 /11
　2.1.1 基于多模态数据的船舶识别与追踪系统 /12
　2.1.2 基于AIS大数据可视化智能匹配和时空解译算法的船舶行为链分析系统 /16
2.2 面向港口空间结构优化的多目标多维度评估技术 /21
　2.2.1 面向港口内部各要素资源利用 /23
　2.2.2 面向港口外部属性叠加影响 /24
　2.2.3 面向特殊航行规则要求 /26
2.3 港口空间结构性能演算及可视化技术 /27

  2.3.1 模块化可重构港口空间结构性能演算系统 / 28
  2.3.2 基于即时反馈与信息视觉化的港口空间结构性能可视化系统 / 34
 2.4 基于船舶行为链的港口空间资源迭代优化技术 / 39
  2.4.1 基于"船舶行为链"的港口空间资源迭代优化方法 / 39
  2.4.2 面向港口相似性与差异性的港口空间结构数据库 / 41
  2.4.3 面向港口相似性与差异性的港口空间资源迭代优化导则 / 41

3 已建港区资源优化利用论证案例 45

 3.1 目标港口及项目背景简介 / 46
 3.2 研究技术路线 / 49
 3.3 船舶行为链分析 / 50
  3.3.1 船舶到港 / 50
  3.3.2 船舶航行 / 50
  3.3.3 船舶靠离泊 / 51
 3.4 港口资源要素条件 / 52
  3.4.1 航道 / 52
  3.4.2 锚地 / 54
  3.4.3 泊位 / 54
  3.4.4 船舶流量 / 56
 3.5 水文-气象-通航环境 / 60
 3.6 港口空间结构性能演算系统 / 63
  3.6.1 限航时机 / 63
  3.6.2 船舶航路航线 / 64
  3.6.3 船舶行为过程概化 / 64
  3.6.4 演算系统可视化界面 / 65
 3.7 评价指标体系 / 65
 3.8 资源优化利用前后港口时空性能对比 / 66
  3.8.1 不同 LNG 船舶管控规则对比 / 66
  3.8.2 码头资源优化对比 / 67

3.8.3　港口空间功能布局优化 / 72
3.9　主要应用效果 / 73

4　复杂水域港口群时空优化分析案例 ⋯⋯⋯ 75

4.1　目标港口及项目背景简介 / 76
4.2　研究技术路线 / 78
4.3　船舶行为链分析 / 79
　　　4.3.1　船舶到港 / 79
　　　4.3.2　船舶航行 / 79
　　　4.3.3　船舶靠离泊 / 80
　　　4.3.4　船船交互 / 81
4.4　港口资源要素条件 / 81
　　　4.4.1　航道 / 81
　　　4.4.2　锚地 / 84
　　　4.4.3　泊位 / 84
　　　4.4.4　船舶流量 / 84
4.5　水文-气象-通航环境 / 85
4.6　港口空间结构性能演算系统 / 86
　　　4.6.1　限航时机 / 86
　　　4.6.2　船舶进出港时间 / 87
　　　4.6.3　船舶夜航限制 / 87
　　　4.6.4　演算系统可视化界面 / 87
4.7　评价指标体系 / 88
　　　4.7.1　航道资源利用评估 / 88
　　　4.7.2　特殊航行规则要求的影响 / 88
4.8　对比评估和迭代优化分析 / 88
　　　4.8.1　远期港口空间结构性能初判断 / 88
　　　4.8.2　LNG 船舶通航影响评估 / 90
　　　4.8.3　航道迭代优化后的船舶通航影响 / 93
4.9　主要应用效果 / 97

5 新建港区择优布局规划案例 99

    5.1 目标港口及项目背景 / 100

    5.2 研究技术路线 / 100

    5.3 船舶行为链分析 / 103

    5.4 港口资源要素条件 / 104

        5.4.1 航道 / 104

        5.4.2 锚地 / 104

        5.4.3 岸线 / 105

        5.4.4 船舶流量 / 106

    5.5 水文-气象-通航环境 / 107

    5.6 港口空间结构性能演算系统 / 109

        5.6.1 限航时机 / 110

        5.6.2 船舶航路航线 / 110

        5.6.3 演算系统可视化界面 / 111

    5.7 评价指标体系 / 111

        5.7.1 岸线充分利用情境的影响评估 / 111

        5.7.2 远期资源全开发情境的影响评估 / 112

        5.7.3 港口空间功能优化情境的影响评估 / 112

    5.8 港口空间结构迭代优化 / 113

        5.8.1 情境一：岸线充分利用情境 / 113

        5.8.2 情境二：远期区域资源完全开发情境 / 117

        5.8.3 情境三：港口空间功能优化情境 / 119

    5.9 主要应用效果 / 121

6 港口多运输目标协同优化案例 123

    6.1 目标港口及项目背景简介 / 124

    6.2 研究技术路线 / 126

    6.3 船舶行为链分析 / 126

        6.3.1 船舶到港 / 126

        6.3.2 船舶航行 / 126

- 6.3.3 船舶靠离泊 / 129
- 6.3.4 船船交互 / 129

6.4 港口资源要素条件 / 130
- 6.4.1 航道 / 131
- 6.4.2 锚地 / 131
- 6.4.3 泊位 / 132

6.5 水文-气象-通航环境 / 133

6.6 港口空间结构性能演算系统 / 136
- 6.6.1 航道设置 / 136
- 6.6.2 联通航道 / 137
- 6.6.3 船舶航路及上下线点 / 137
- 6.6.4 演算系统可视化界面 / 138

6.7 评价指标体系 / 138

6.8 港口资源要素协调优化 / 139
- 6.8.1 航道资源优化 / 139
- 6.8.2 岸线资源优化 / 140
- 6.8.3 船舶通航规则优化 / 144
- 6.8.4 远期不同港口空间结构配置对比 / 148

6.9 主要应用效果 / 150

7 总结与展望 ... 153

7.1 核心技术方法 / 154
- 7.1.1 四项核心技术 / 154
- 7.1.2 八项具体成果 / 154

7.2 关键技术突破 / 155
- 7.2.1 时空协同,理论创新 / 155
- 7.2.2 自成体系,技术创新 / 155
- 7.2.3 引领提升,推广创新 / 155

7.3 应用推广方向 / 156

参考文献 / 158

绪 论

1.1 研究背景

"十三五"规划(2016—2020年)以来,我国一直在推进经济社会的高质量发展,"十四五"时期,我国将坚定不移地贯彻新发展理念,全面推动高质量发展。习近平总书记高度重视水运行业的发展,多次作出重要指示批示,如"要志在万里,努力打造世界一流的智慧港口、绿色港口""港口'是硬核'力量""经济强国必定是海洋强国、航运强国""经济要发展,国家要强大,交通特别是海运首先要强起来"等。与此同时,国家相关部委相继出台了一系列方针政策支持水运高质量发展。党的十九大报告提出了"建设交通强国",中共中央、国务院相继印发了《交通强国建设纲要》,交通运输部等多部门联合发布了《关于推进长江航运高质量发展的意见》《关于建设世界一流港口的指导意见》《大力推进海运业高质量发展的指导意见》,这些均为新时代水运业高质量发展指明了方向。

水运行业是经济社会发展的基础性、先导性产业和服务性行业,是综合交通运输体系的重要组成部分。根据《中华人民共和国港口法》,港口规划是水运工程发展建设的顶层设计和法律依据,是水运业高质量发展的基本保障。港口是水运运输的核心载体,应用现代化信息技术手段全面提高港口规划、建设、运营、管理的水平和效率,是推动交通强国、贸易强国、海洋强国等战略实施的重要举措,也是落实建设社会主义现代化强国战略部署的重要内容。新时代新形势下,港口规划亟须围绕新理念、新技术进一步进行理论创新和技术创新,更好地适应当前发展形势、服务国家战略实施。

促进港口空间结构优化和港口船舶服务效能提升一直是海事管理部门、规划决策部门、港口运营方和船方等各方关注的焦点问题。其中,船舶是港口系统服务对象,其种类繁多且不同类型的船舶对港口资源的需求也各不相同;而港口系统是一个多元、复杂、随机的动态系统,其由航道、锚地、泊位等资源组成复杂的时空结构,在港口水文、气象、通航条件等复杂条件综合作用下,对船舶在港口资源中航行和作业的各个环节活动及其效率产生影响。

随着港口资源开发程度不断提高,船舶向专业化、大型化、高速化方向不断发展,区域船舶密度的不断攀升,为了满足新时代港口发展的需求,科学评估大型港口船舶运营情况,实现多维、多尺度的港口水陆域功能与空间结构精准刻画和布局优化,亟须构建适应新时代发展的港口空间规划技术的理论与方法体系,为港口泊位、航道、锚地规划及设计、船舶交通组织与管理、港口生产运营等提供科学依据和技术支撑。

港口空间资源和通航环境要素间存在着复杂的动态影响关系,只有通过科学规划和合理使用港口航道、锚地、泊位等资源,才能催生高效的港口空间结构,从而最大化发挥系统效能、推动港口的高质量发展。

为了更加有效地支撑新形势下水运行业高质量发展新要求和港口提质增效需求,传统港口规划和运营管理也亟须转型升级与改革创新,将新一代技术与传统水运行业深度融合,从港口资源集约、高效、智慧利用方面,提出更加科学、可靠的港口时空优化技术,推动我国港口规划向数字化、精细化转变。

1.2　港口规划难点与瓶颈

面向新发展阶段、新发展方向和新发展要求,更加适应百年未有之大变局,港口规划需要更有深度、广度和细致度,因此亟须提出现代化港口规划方法,将港口空间结构与港口数字化关联,推动新理论、新方法和新技术在交通运输规划、设计、评估等领域的示范和应用,提升港口规划科学性、全面性、引领性和指导性,以期更好适应当前规划的重点和难点。

1) 港口规划方法适应性有待进一步提升

鉴于之前受信息技术等限制,传统的港口规划多以航道、锚地或泊位等资源相对独立地开展规划研究为主,容易导致港口各要素资源匹配程度不高,亟须创新港口规划量化方法,全面考虑港口资源和设施的整体性和协调性,避免出现瓶颈环节,充分发挥港口系统效能。

2) 港口规划分析数据支撑力度有待进一步提高

面向港口精细化规划需求的分析数据来源与量化研究目前存在瓶颈,直接影响研究质量。为了满足新时期开展高质量规划的高数据质量需求,亟须创新研究思路和技术方法,增强数据支撑力度。

3) 港口空间结构性能量化技术有待进一步革新

传统的港口规划技术手段在方案合理性评估、多维定量比选、模型拓展性、通用性和可视化等方面仍存在短板,影响港口空间结构性能分析、港口运营调度及规划布局方案决策,亟须创新港口规划量化技术方法,实现模型的精细化、拓展性、通用性和效果可视化。

4) 港口空间结构评估标尺有待进一步细化

目前存在港口空间结构量化评估指标体系不健全、不系统、综合影响考虑不充分、结果展示不直观,港口运营调度及规划布局方案的决策支撑和可信水平较低等问题,亟须结合新的技术方法,进一步细化评价标尺。

立足新时代港口规划创新及技术提升目标,秉持"高水平港口资源规划,优化高效率港口资源利用,催生高性能港口空间结构,促进高效能港口运营系统"的港口规划理念,提出基于船舶行为链的港口空间结构迭代优化关键技术,是提升新时期港口规划水平和技术能力的开创性研究,是面向新时代港口精准规划的理论及技术突破,具有较强的示范意义和推广价值,对于解决诸如已建港区码头改扩建、新建港区空间功能规划、港口多规划目标协同优化、复杂水域航道布局优化和通航环境改善等港口规划布局具体问题具有积极的引导作用和参考价值。在促进港口空间结构优化、提升港口船舶服务效能、推动我国港口规划的数字化和精细化转变等方面的借鉴意义和示范效应明显,有助于加快形成港口行业现代化、智能化、数字化、信息化的高质量发展新业态。

1.3 技术方法体系架构

针对港口规划技术转型升级与革新创新,以"船舶行为链"为研究基石,以"船舶追踪→水平量化→性能分析→迭代优化"为主线,主要围绕船舶动态追踪及识别、港口空间结构匹配水平量化、港口空间结构性能分析及可视化、港口空间结构优化方法4个部分展开,技术方法体系框架如图1-1所示。

充分利用船舶运动数据的连续性、代表性和丰富性,站在船舶的角度,通过大数据挖掘技术,深化对实际港口空间结构中的船舶行为模式的理解,来进行港口空间结构性能分析相关模拟参数的设定,进而对未来规划方案进行定量化分析,从而真实反映港口资源配置的状态,更好地评估规划方案的优劣。

1.4 主要研究内容

1.4.1 船舶动态追踪及识别

船舶动态追踪及识别是港口空间结构匹配水平量化、性能分析及可视化的基础,可为港口空间结构优化提供有效的数据支撑。该研究内容重点围绕AIS数据、船舶档案数据、港口空间结构布局方案等多源多模态海量信息数据的有效融合和标准化处理。构造船舶追踪及识别的船舶属性信息库,数据标准化处理后,开展海量数据源的集成以及联动分析,经过坐标转换、重采样、交叉验证、质量控制、数据插补、属性匹配等处理环节,基于船舶位置分析以及基于速度和方向的运动跟踪算法等,对不同时空范围内的船舶进行动态追踪和运动过程识别,分析船船交互模式,提高船舶动态追踪及识别的精度和效率。

1) 数据融合和标准化处理

预处理航行环境数据(如航道、锚地、泊位、来往船舶等),将海量的AIS数据、船舶档案数据、港口空间结构布局情况等不同来源的数据进行融合,构建起船舶属性信息库。对不同数据源之间的数据格式、数据质量等进行标准化处理,以确保后续分析的准确性和可重复性。

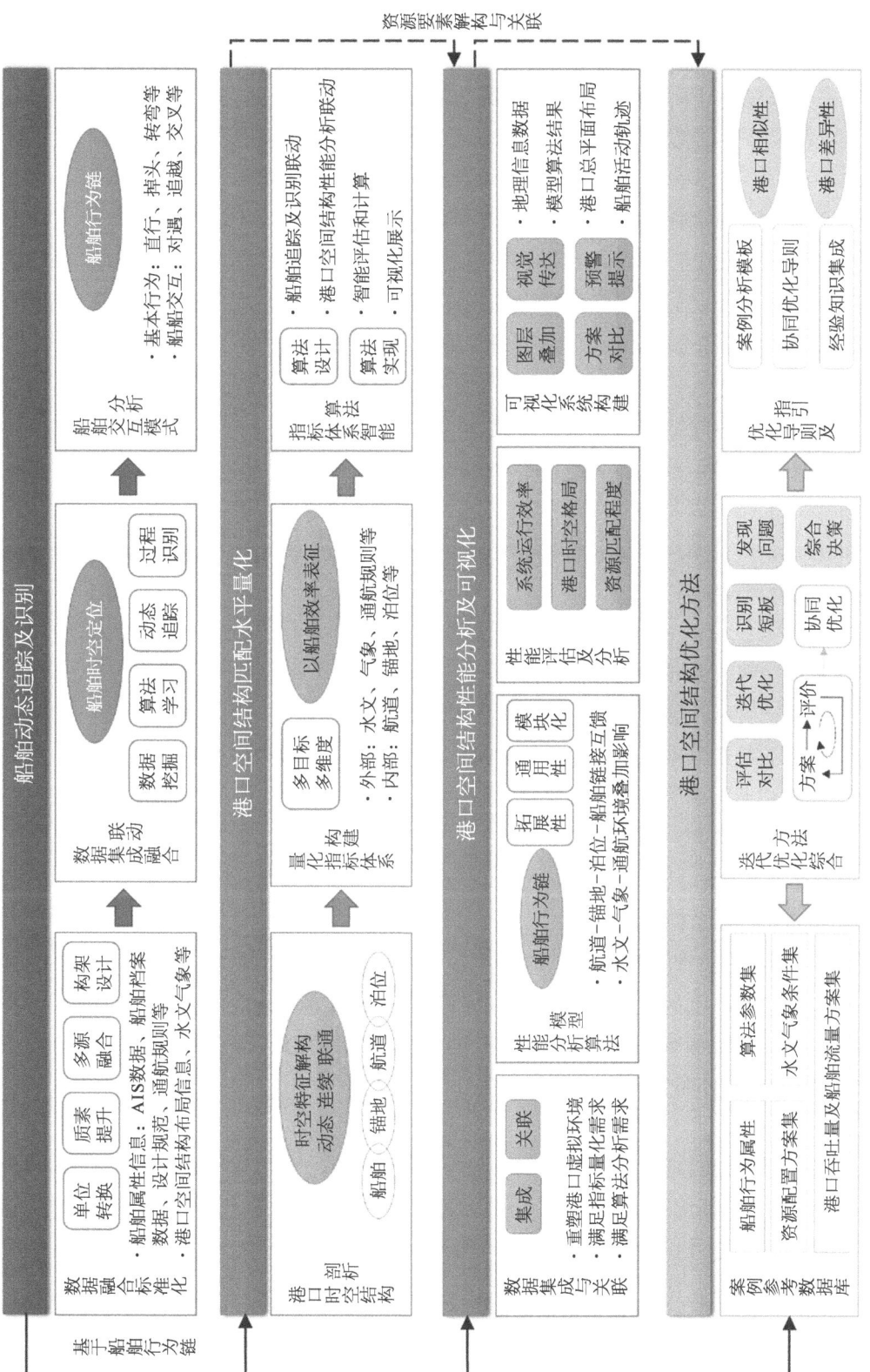

图 1-1 技术方法体系框架

2）数据集成和联动分析

在数据融合和标准化后,对不同数据源中的信息进行集成和联动分析,以建立船舶的完整信息算法模型。采用数据挖掘和机器学习等技术,发掘船舶在不同空间位置的运动规律,实现对不同时空范围内的船舶进行动态追踪和运动过程识别。

3）船船交互模式分析

研究船舶之间的互动、联系和协作等过程,量化分析船船交互模式并构建船舶行为链,刻画船舶在航道、锚地、泊位的行为模式,以提高船舶动态追踪及识别的精度和效率,从而提供更加准确和全面的船舶追踪及识别结果。

1.4.2 港口空间结构匹配水平量化

以船舶作为纽带,按照其动态变化涉及的空间状态对港口空间结构进行解构和剖析,重点围绕航道、锚地以及泊位等资源进行分析。根据不同港口发展需求以及分析重点,构建全面、综合的时空结构匹配水平量化指标体系。研究相应智能化评估算法,为港口空间结构的量化分析提供科学依据。

1）港口空间结构剖析

以船舶作为纽带,融合港口空间结构资源属性信息,对港口内部设施和功能的解构进行细化研究,再按照其动态变化涉及的空间状态对港口空间结构进行解构和剖析,针对港口航道、锚地以及泊位等重要资源配置情况着重分析,系统反映船舶、锚地、航道、泊位等多要素动态变化的时空特征。

2）量化指标体系构建

面向港口空间结构匹配水平的量化需求,选择船舶通航及作业效率作为衡量尺,综合考虑港航系统水文、气象、通航环境等多元属性,围绕航道、锚地、泊位资源的结构与功能,集成专家咨询、行业调研、指标赋权、定量定性结合等不同方法,构建通航效率多目标、多维度综合评价指标体系。

3）指标体系智能算法

基于时空结构匹配指标体系,研究相应的时空结构匹配算法,包括算法的设计与实现等,与船舶动态追踪及识别算法进行集成,实现对量化指标的智能评估和分析,并进行可视化展示,加入部分常用评价指标的实时计算和图表化动态展示,方便及时查看和决策分析,为港口空间结构性能分析论证思路和量化方法。

1.4.3 港口空间结构性能分析及可视化

港口空间结构性能分析及可视化研究是一个涉及多个学科领域的综合性课题,旨在对港口时空格局、资源匹配程度、系统运行效率等进行全面评估,为港口的发展和规划提供科学依据。

1) 数据集成与关联

海量数据源的集成、融合以及关联,包括但不限于AIS数据、船舶档案数据、港口基础数据、水文气象等,全面掌握港口资源要素可利用情况,构建面向港口空间结构性能分析的港口时空资源要素状态集、港口吞吐量-船舶流量数据集、算法参数集、时空结构方案集、水文气象条件集等。一方面满足评价指标体系量化估算需求,另一方面作为输入或者参数用于构建算法模型和分析框架,尽可能重现船舶通航虚拟环境,预测未来港口资源要素配置情况。

2) 算法模型构建

港口空间结构性能分析算法模型构建是港口研究中的重要环节。以船舶行为链作为驱动,基于航道-锚地-泊位-船舶链接互馈关系,综合考虑水文-气象-通航环境叠加影响,设置灵活的参数配置模式、定制适宜的联调算法、构建可拓展功能的框架体系,以便利用算法模型的仿真结果,对港口空间结构的不合理以及资源配置瓶颈等因素进行识别和优化。

3) 性能评估及分析

基于船舶行为链模式、港口空间结构特征以及构建的算法模型,以港口内设施的空间分布、数量、质量等为主要指标,对港口结构和功能性能、系统运行的效率、船舶在航道、锚地、泊位中流动的过程、内部空间布局的合理性进行量化评估、情境仿真与瓶颈识别,为港口的发展和规划方案的确定提供科学依据。

4) 可视化系统构建

融合地理信息时空数据、模型算法结果、港口总平面方案等关键信息,基于视觉传达理念,将算法模型的分析结果通过多图层叠加、多方案对比、仪表盘效果、热力图效果、预警提示效果等动态呈现。展示港口的时空结构和效率指标,以便深入了解港口航道、锚地、泊位资源配置情况以及匹配程度,对港口空间结构性能形成更加深刻的判断和理解。

1.4.4 港口空间结构优化方法

动态评估与静态分析结合、未来规划与现实状态兼顾,多种定量手段分析、多源数据融合、多智能体信息交互,重点参考案例数据库及优化导则等实践经验,在具体应用分析中依据具体制定的研究目标,结合港口资源要素约束及系统资源状况深入分析结果,对港口空间功能中的各种资源要素和功能进行配置和迭代优化。

1) 迭代优化综合方法

基于"迭代优化"理念,针对港口不同规划方案和与之产生的船舶行为变化和效率进行评估和对比,通过多次优化迭代,系统反映船舶、锚地、航道、泊位等多要素动态变化的时空特征随着不同规划方案的变化情况,从而实现港口空间结构性能深度分析,识别短板、发现问题,寻找优化突破点。注重规划的刚性与弹性相结合,确保港口空间功能布局方案可落地。

2) 案例参考数据库

累积规划经验和案例实践结果,构建体现不同港口差异性和相似性的港口空间结构评价数据库,综合集成船舶行为属性、港口资源要素配置方案、水文气象通航环境属性、港口吞吐量及船舶流量方案等,形成支撑全国港口数字化及多规合一的数据底盘。

3) 优化导则及指引

将领域知识、港口内外部环境、港口空间资源定量评估与协同优化结果、经验信息等进行集成和融合,应用分类与聚类等理论方法,逐步形成和探索建立了一套港口空间资源时空协同优化导则,可为未来港口规划提供案例分析模板。

港口空间结构迭代优化关键技术

船舶行为过程一定程度上可以表征港口资源要素匹配的效果,可作为量化港口空间结构的量尺。本研究坚持理论创新与技术创新并举,以船舶行为链为"引",以多目标多维度评估指标体系为"尺",以港口空间结构性能分析算法模型为"器",创造性研发了港口航道-锚地-泊位空间资源迭代优化技术,形成了一套技术、四个系统、一个算法模型、一个数据库及一个优化导则。

主要关键技术之间的逻辑关联关系如图2-1所示。

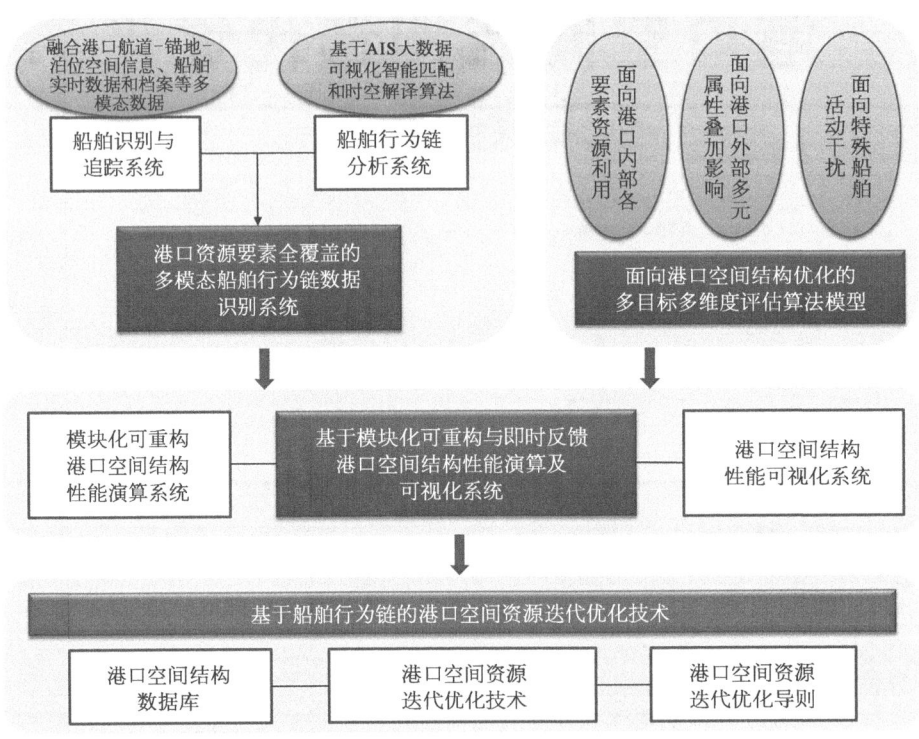

图2-1　关键技术方法之间的关联关系及结构

(1) 港口资源要素全覆盖的多模态船舶行为链数据识别技术

该技术是整个技术方法的数据驱动,构建了融合"港口航道-锚地-泊位空间信息、船舶实时数据和档案信息等多模态数据"的船舶识别与追踪系统,以及基于"AIS大数据可视化智能匹配和时空解译算法"的船舶行为链分析系统,为评估算法模型、性能分析和辅助决策可视化系统提供数据支持。

该技术解决了船舶识别追踪分析精度不高、属性不全、运用门槛高,以及港口空间结构优化、功能区精细化布置和规划方案多维比选缺乏现状数据支撑等问题;实现了受港口空间结构影响下的船舶行为系统认知和量化表达。

(2) 面向港口空间结构优化的多目标多维度评估技术

该技术是整个研究的量化标尺，可对港口空间结构进行定量化、标准化的量化分析，实现了面向港口内部资源要素的综合效率评估、面向港口外部多元属性叠加影响下的综合效率评估以及面向特殊航行规则要求下的综合效率评估。

该技术填补了传统港口空间资源利用评估中无法量化叠加影响效果以及评估没有分层次、成体系的空白，为港口空间结构匹配水平提供了更加全面、准确、具有代表性的评价指标体系和智能化算法。

(3) 基于模块化可重构与即时反馈的港口空间结构性能演算及可视化技术

该技术是整个研究的可视化演算窗口，串联港口航道、锚地、泊位之间的时空拓扑关系，构建了以"船舶航行行为链"为驱动，基于"航道-锚地-泊位-船舶链接互馈""水文-气象-通航环境叠加影响"下的模块化可重构港口空间结构性能演算系统和基于"即时反馈与信息视觉化"的港口空间结构性能可视化系统，为定量分析提供稳定、丰裕的分析数据来源，也为反映港口空间结构实质、测评其性能、识别瓶颈、迭代优化方案等提供技术支持。

该技术解决了常规仿真模型拓展性、通用性和可维护性差，模拟精细度不够，以及港口空间结构量化评估结果展示不直观，港口运营调度及规划布局方案的决策支撑和可信水平较低等问题。

(4) 基于船舶行为链的港口空间资源迭代优化技术

该技术是针对港口规划方法的优化创新，基于船舶行为链的港口空间资源迭代优化技术，构建了面向"港口相似性与差异性"港口空间结构数据库以及港口空间资源协同优化导则。它是对各种关键技术的系统整合以及综合应用，以数据知识库、实践应用导则等媒介，形成一种可拓展的、可复制的解题思路、技术手段以及推广方式，推动形成港口空间规划技术新体系，进一步支撑港口空间布局规划的科学性、合理性。

该技术打破了传统的"自上而下""单一要素"驱动的规划方案和运营调度优化的局限性；实现了港口航道、锚地和泊位空间资源的协同优化与序贯决策；为全国港口数字化以及港口（群）资源配置的适应性、均衡性、差异性等研究提供数据底盘支撑，为我国沿海港口高质量发展提供案例参照模板。

2.1 多模态船舶行为链数据识别系统

港口资源要素全覆盖的多模态船舶行为链数据识别系统是整个研究的数据驱动，为评估算法模型、性能分析和辅助决策可视化系统提供数据支持。关键技术包括了融合"港口航道-锚地-泊位空间信息、船舶实时数据和档案信息等多模态数据"的船舶识别与追踪系统和基于"AIS大数据可视化智能匹配和时空解译算法"的船舶行为链分析系统。

2.1.1 基于多模态数据的船舶识别与追踪系统

当前面临的问题和难点：传统船舶 AIS 数据研究更多服务于船舶操纵和航线规划等，而且使用过程中普遍需编程提取并系统解译目标研究对象的数据，业务量大、操作繁复，不易推广使用，无法为港口空间结构优化、功能区精细化布置和规划方案多维比选提供有效的数据支撑。

主要技术重点：创建了融合"港口航道-锚地-泊位空间信息、船舶实时数据和档案信息等多模态数据"的船舶识别与追踪系统，实现以港口空间结构优化为驱动的多模数据融合、字段质素提升与精准可视化技术。

解决关键问题：解决了船舶识别追踪分析精度不高、属性不全、运用门槛高等问题，为港口空间结构优化提供数据支撑。

主要技术方法：以港口空间结构优化为驱动，创造性研发了基于港口总平面布置方案及航道-锚地-泊位空间信息、船舶 AIS 数据和船舶档案等多模态数据的船舶识别与追踪系统。研发了多模数据融合、字段质素提升与精准可视化技术与算法，将港口总平面布置方案、船舶 AIS 数据和船舶档案数据进行智能匹配，依据《海港总体设计规范》对船舶类别、吨级、船长、吃水等属性数据进行清洗、融合、细化、校正和补缺，实现了面向航道、锚地、泊位等港口时空范围定制化、精准化的船舶跟踪分析与识别和追踪数据库，为船舶行为模式的分析与挖掘提供底层数据基础。

AIS 数据主要由实时静态数据以及实时动态数据组成，包含了船舶在航道、锚地、泊位等关键港口资源要素中流动的全过程，是分析港口各个资源要素利用情况、进行需求测度分析的重要数据来源。

1) 全球 SHIP 属性数据库

常规 AIS 数据中主要包括的船舶属性信息十分有限，船舶分类较粗，体现的属性信息不全。为了更好识别船舶行为，丰富船舶追踪信息库，结合船舶档案信息，应对 AIS 原始数据进行编码解译和智能匹配，形成基础信息数据库，如图 2-2 所示；匹配详细船舶类别，细化 AIS 数据船舶分类、吨级、船长、吃水等属性，形成船舶属性检索库，如图 2-3 所示；以相关设计规范为参考，结合实际情况，对船舶吨级进行归类，如图 2-4 所示；基于船舶 AIS 数据、船舶属性信息数据、船舶类别细分以及船舶吨级归类等结果，形成要素丰富、知识全面、质素提升的全球 SHIP 属性数据库，如图 2-5 所示，实现多源融合、字段质素提升、可视化精准利用。

2) 融合船舶多元属性等的船舶动态时空信息资源库

采用错误/非法数据过滤、单位转换、数据去重、数据抽稀、基础数据补全和结构转换等方法，对 AIS 数据进行初步清洗，输出统一的标准化格式和单位。然后，融合全球 SHIP

属性数据库的海量属性与知识，通过无效值标记、重复点剔除、跳跃点剔除等数据深度清洗算法，构建涵盖船舶丰富的船舶特性和运动状态信息的船舶追踪系统数据库，主要包括船舶的标识码（MMSI）、船名（ShipName）、呼号（CallSign）、船长（Length）、船宽（Breadth）、船舶类型（ShipType、ShipType_ detailed、ShipType_ detailedCN）、吃水（Draught）、吨级（GT、DWT、NT）、定位天线位置（toBow、toStern、toPort、toStarboard）等船舶静态信息；以及经度（Longitude）、纬度（Latitude）、对地船速（SOG）、对地航向（COG）、船首向（HDG）、接收时间（ReceiveTime）、航行状态（NavigationStatus）等船舶动态信息。船舶追踪系统数据库主要信息要素构成如图 2-6 所示。

开始事务　文本 · 筛选　排序　导入　导出

LRIMOShipNo	BaleCapacity	BowtoCentreManifold	Breadth	CallSign	CargoCapacitiesNarrative	ClassificationSociety	Deadweight	DeathDate	Depth	Draught	FlagName	GasC
1000019.0	0.0	(Null)	8.8	(Null)	(Null)	(Null)	164.0	(Null)	4.08	3.95	Panama	0.0
1000021.0	0.0	(Null)	12.9	ZCCB8	(Null)	Lloyd's Register 1995-07-	484.0	(Null)	6.2	4.0	Cayman Islands	0.0
1000033.0	0.0	(Null)	7.2	MVWV7	(Null)	Lloyd's Register 1995-04-	0.0	(Null)	3.63	0.0	United Kingdom	0.0
1000045.0	0.0	(Null)	7.48	SX5322	(Null)	Lloyd's Register 1995-04-	0.0	(Null)	4.25	2.0	Greece	0.0
1000057.0	0.0	(Null)	20.9	HZIV	(Null)	Lloyd's Register 2015-03-	0.0	(Null)	9.76	1.503	Saudi Arabia	0.0
1000069.0	0.0	(Null)	10.5	MRPW2	(Null)	Lloyd's Register 1993-06-	0.0	(Null)	5.4	3.2	Isle Of Man	0.0
1000071.0	0.0	(Null)	3.63	(Null)	(Null)	(Null)	0.0	(Null)	2.95	1.8	Germany	0.0
1000083.0	0.0	(Null)	3.84	(Null)	(Null)	(Null)	0.0	(Null)	2.67	1.53	Germany	0.0
1000095.0	0.0	(Null)	7.3	(Null)	(Null)	(Null)	92.0	(Null)	3.33	1.14	United Kingdom	0.0
1000100.0	0.0	(Null)	6.5	(Null)	(Null)	(Null)	0.0	(Null)	4.65	3.09	France	0.0
1000112.0	0.0	(Null)	3.78	MHNS9	(Null)	Lloyd's Register 1935-00-	0.0	(Null)	3.66	2.47	Isle Of Man	0.0
1000124.0	0.0	(Null)	7.2	SVA6594	(Null)	Registro Italiano Navale :	0.0	(Null)	3.7	1.375	Greece	0.0
1000136.0	0.0	(Null)	9.11	A6E2057	(Null)	Lloyd's Register 1980-07-	0.0	(Null)	4.69	0.0	United Arab Emirates	0.0
1000148.0	0.0	(Null)	1.97	(Null)	(Null)	(Null)	0.0	(Null)	1.93	1.34	Jersey	0.0
1000150.0	0.0	(Null)	8.6	GCGR	(Null)	Lloyd's Register 2016-06-	0.0	(Null)	6.75	5.06	United Kingdom	0.0
1000162.0	0.0	(Null)	6.0	SY6071	(Null)	(Null)	0.0	(Null)	4.42	3.5	Greece	0.0
1000174.0	0.0	(Null)	7.85	ZCWR	(Null)	Lloyd's Register 1993-05-	0.0	(Null)	3.96	2.5	Gibraltar	0.0
1000186.0	0.0	(Null)	3.36	(Null)	(Null)	(Null)	0.0	(Null)	2.5	1.5	United Kingdom	0.0
1000198.0	0.0	(Null)	5.57	(Null)	(Null)	(Null)	0.0	(Null)	2.9	0.95	United Kingdom	0.0
1000203.0	0.0	(Null)	5.33	(Null)	(Null)	Lloyd's Register 1977-12-	0.0	(Null)	0.0	1.7	Egypt	0.0
1000215.0	0.0	(Null)	6.1	(Null)	(Null)	(Null)	0.0	(Null)	0.0	1.89	Saudi Arabia	0.0
1000239.0	0.0	(Null)	8.43	9HA3400	(Null)	Lloyd's Register 1990-04-	0.0	(Null)	4.3	2.64	Malta	0.0
1000241.0	0.0	(Null)	7.79	MXCM9	Passengers; cabins 5; ber	(Null)	0.0	20180900.0	4.0	2.2	United Kingdom	0.0
1000253.0	0.0	(Null)	8.0	A6E2222	(Null)	Lloyd's Register 2000-10-	0.0	(Null)	4.24	1.8	United Arab Emirates	0.0
1000265.0	0.0	(Null)	10.6	MLMF6	(Null)	Lloyd's Register 1988-01-	88.0	(Null)	3.5	1.1	United Kingdom	0.0
1000277.0	0.0	(Null)	6.7	HBY2523	(Null)	Lloyd's Register 1989-05-	0.0	(Null)	5.3	3.5	Switzerland	0.0
1000289.0	0.0	(Null)	8.4	ZHBX7	(Null)	Lloyd's Register 2019-07-	0.0	(Null)	4.78	2.2	Cayman Islands	0.0
1000291.0	0.0	(Null)	9.77	ZCPK8	(Null)	Lloyd's Register 2003-07-	555.0	(Null)	5.85	4.28	Cayman Islands	0.0
1000306.0	0.0	(Null)	9.51	MNZN7	(Null)	(Null)	0.0	(Null)	4.2	2.44	United Kingdom	0.0
1000318.0	0.0	(Null)	9.72	HZHM	(Null)	(Null)	0.0	(Null)	5.21	3.01	Saudi Arabia	0.0
1000320.0	0.0	(Null)	14.4	9HA4745	Crew 17	Lloyd's Register 1973-09-	0.0	(Null)	0.0	4.3	Malta	0.0
1000332.0	0.0	(Null)	5.57	(Null)	(Null)	(Null)	35.0	(Null)	2.9	0.95	Jersey	0.0
1000344.0	0.0	(Null)	6.25	(Null)	(Null)	Lloyd's Register 2010-09-	0.0	(Null)	4.11	4.02	United Kingdom	0.0
1000356.0	0.0	(Null)	12.99	HNBZ	(Null)	(Null)	0.0	(Null)	0.0	3.5	Iraq	0.0
1000370.0	0.0	(Null)	6.37	HO9798	(Null)	Lloyd's Register 1974-09-	0.0	(Null)	0.0	2.19	Panama	0.0

图 2-2　多源信息集成的基础信息数据库

信息　Result 1　剖析　状态

mmsi	breadth	length	tonnage	shipTypeEn	shipName	shipTypeZn	shipTypeFileLabel
374511000	5.9	38.8	192	General Cargo Ship	TANGMING	杂货船	General Cargo Ship
366491000	22.86	174.35	11580	General Cargo Ship	CAPE AVINOF	杂货船	General Cargo Ship
244820148	6.43	41.22	195	General Cargo Ship	ANDA	杂货船	General Cargo Ship
352021000	8.54	44.1	448	General Cargo Ship	SARAH II	杂货船	General Cargo Ship
272581000	9	95.75	997	General Cargo Ship	BERILL	杂货船	General Cargo Ship
518000026	7.07	35.9	179	General Cargo Ship	KWAI	杂货船	General Cargo Ship
725000157	7.42	46.49	283	General Cargo Ship	CALBUCO	杂货船	General Cargo Ship
366504000	23.17	172.22	12929	General Cargo Ship	CAPE JACOB	杂货船	General Cargo Ship
355577000	9.02	56.49	412	General Cargo Ship	CIMBER	杂货船	General Cargo Ship
422629000	7.47	49.35	332	General Cargo Ship	BAYAN DARYA	杂货船	General Cargo Ship
352762000	8.01	47.58	313	General Cargo Ship	ANDREA I	杂货船	General Cargo Ship

图 2-3　细化 AIS 数据船舶分类、吨级、船长、吃水等属性的船舶属性检索库

对象 ship_tonnage @tpri_admin (12) - 表

开始事务 文本 · 筛选 排序 导入 导出

id	ship_type	ship_type_file_label	min_tonnage	max_tonnage	tonnage_label
1	杂货船	General Cargo Ship	0	7500	5000(0-7500)
2	杂货船	General Cargo Ship	7501	11500	10000(7501-11500)
3	杂货船	General Cargo Ship	11501	22000	20000(11501-22000)
4	杂货船	General Cargo Ship	22001	35000	30000(22001-35000)
5	杂货船	General Cargo Ship	35001	9999999	40000(>35001)
6	散货船	Bulk Carrier	0	7500	5000(0-7500)
7	散货船	Bulk Carrier	7501	12500	10000(7501-12500)
8	散货船	Bulk Carrier	12501	22500	20000(12501-22500)
9	散货船	Bulk Carrier	22501	65000	50000(22501-65000)
10	散货船	Bulk Carrier	65001	85000	70000(65001-85000)
11	散货船	Bulk Carrier	85001	105000	100000(85001-105000)
12	散货船	Bulk Carrier	105001	175000	150000(105001-175000)
13	散货船	Bulk Carrier	175001	225000	200000(175001-225000)
14	散货船	Bulk Carrier	225001	275000	250000(225001-275000)
15	散货船	Bulk Carrier	275001	325000	300000(275001-325000)
16	散货船	Bulk Carrier	350000	450000	350000(325001-450000)
17	散货船	Bulk Carrier	450001	9999999	450000(>450001)
18	原油运输船	Crude Oil Tanker	0	7500	5000(0-7500)
19	原油运输船	Crude Oil Tanker	7501	12500	10000(7501-12500)
20	原油运输船	Crude Oil Tanker	12501	27500	20000(12501-27500)
21	原油运输船	Crude Oil Tanker	27501	45000	30000(27501-45000)
22	原油运输船	Crude Oil Tanker	45001	65000	50000(45001-65000)
23	原油运输船	Crude Oil Tanker	65001	85000	80000(65001-85000)
24	原油运输船	Crude Oil Tanker	85001	105000	100000(85001-105000)
25	原油运输船	Crude Oil Tanker	105001	185000	150000(105001-185000)
26	原油运输船	Crude Oil Tanker	185001	275000	250000(185001-275000)
27	原油运输船	Crude Oil Tanker	275001	375000	300000(275001-375000)
28	原油运输船	Crude Oil Tanker	375001	9999999	450000(>375001)
29	成品油运输船	Oil Products Tanker	0	7500	5000(0-7500)
30	成品油运输船	Oil Products Tanker	7501	12500	10000(7501-12500)
31	成品油运输船	Oil Products Tanker	12501	27500	20000(12501-27500)
32	成品油运输船	Oil Products Tanker	27501	45000	30000(27501-45000)
33	成品油运输船	Oil Products Tanker	45001	65000	50000(45001-65000)
34	成品油运输船	Oil Products Tanker	65001	85000	80000(65001-85000)
35	成品油运输船	Oil Products Tanker	85001	105000	100000(85001-105000)
36	成品油运输船	Oil Products Tanker	105001	185000	150000(105001-185000)

图 2-4　船舶吨级归类表

开始事务 文本 · 筛选 排序 导入 导出

imoNumber	shipBreadth	callSign	shipLength	shipName	mmsi	gt	dwt	nt	shipTypeCnname	shipTypeEnname	shipTypePenname	shipTypeCode	toBow	toStern
8719188	29	SEAI	191	VIKING CINDEI	266027000	46398	4228	29223	客货两用船	Passenger/Ro-Ro Cargc	Passenger Ship	10880	25	
8718562	14.5	JZPW	83.44	SMS MULAWAI	525023144	3388	803	1017	客货两用船	Passenger/Ro-Ro Cargc	Passenger Ship	10880	(Null)	(
8718550	10	YEZO	49.8	AENG MAS I	525015335	402	150	121	客货两用船	Passenger/Ro-Ro Cargc	Passenger Ship	10880	(Null)	(
8718421	14	JK4794	56.01	NEW OLYMPIA	431000249	690	220	0	客货两用船	Passenger/Ro-Ro Cargc	Passenger Ship	10880	25	
8718366	14.71	PMMA	71.84	SWARNA CAKR	525002127	799	230	0	客货两用船	Passenger/Ro-Ro Cargc	Passenger Ship	10880	11	
8718354	14.71	HSB4448	71.84	RAJA 7	567001140	1188	230	551	客货两用船	Passenger/Ro-Ro Cargc	Passenger Ship	10880	(Null)	(
8715259	31.5	OJCS	203.03	SILJA SERENAC	230184000	58376	5100	38970	客货两用船	Passenger/Ro-Ro Cargc	Passenger Ship	10880	17	
8715223	17.7	TC6169	67.24	AYVACIK	271010160	1077	376	391	客货两用船	Passenger/Ro-Ro Cargc	Passenger Ship	10880	(Null)	(
8714360	14.5	LAQN	86.24	MARSTEIN	257317400	3667	790	1654	客货两用船	Passenger/Ro-Ro Cargc	Passenger Ship	10880	49	
8713988	13.81	JM5701	75.11	FERRY NAMIJI	431601676	1150	597	0	客货两用船	Passenger/Ro-Ro Cargc	Passenger Ship	10880	(Null)	(
8713641	13.8	9A2164	68.8	BARTOL KASIC	238113140	2296	400	875	客货两用船	Passenger/Ro-Ro Cargc	Passenger Ship	10880	(Null)	(
8713122	12.81	YBDL	57.99	WIHAN BAHAR	525007343	722	230	261	客货两用船	Passenger/Ro-Ro Cargc	Passenger Ship	10880	(Null)	(
8712635	29.4	SVAI7	192.91	NISSOS SAMO	241470000	30694	7622	10591	客货两用船	Passenger/Ro-Ro Cargc	Passenger Ship	10880	32	
8712582	9.2	OJMG	39.4	EIVOR	230980000	645	100	243	客货两用船	Passenger/Ro-Ro Cargc	Passenger Ship	10880	9	
8712520	29	IBUH	161	GNV ATLAS	247163100	33336	4100	17001	客货两用船	Passenger/Ro-Ro Cargc	Passenger Ship	10880	29	
8712518	29	IBUB	161	GNV CRISTAL	247163900	33336	4100	17001	客货两用船	Passenger/Ro-Ro Cargc	Passenger Ship	10880	30	
8712489	9.226	MJPA7	30	GEIRA	232003604	226	103	69	客货两用船	Passenger/Ro-Ro Cargc	Passenger Ship	10880	10	
8712233	13.8	PNZO	65.8	SATYA KENCAI	525015909	2155	249	1160	客货两用船	Passenger/Ro-Ro Cargc	Passenger Ship	10880	10	
8711033	16.6	SYLL	89.95	ACHILLEAS	240184000	2278	918	1103	客货两用船	Passenger/Ro-Ro Cargc	Passenger Ship	10880	(Null)	(
8710869	15.8	MKHA7	84.63	LORD OF THE I	232605000	3504	464	1051	客货两用船	Passenger/Ro-Ro Cargc	Passenger Ship	10880	12	
8710857	29.61	C6AV5	176.75	STAR PISCES	311000164	40053	2800	23777	客货两用船	Passenger/Ro-Ro Cargc	Passenger Ship	10880	25	
8710754	12.81	SFIV	90.71	GULLMAJ	265573150	755	800	242	客货两用船	Passenger/Ro-Ro Cargc	Passenger Ship	10880	48	
8710297	14.2	LAHS	84.03	ROMSDAL	257355400	1401	2030	420	客货两用船	Passenger/Ro-Ro Cargc	Passenger Ship	10880	41	
8708751	12.8	POCD	53	BINTANG BALI	525015910	627	200	189	客货两用船	Passenger/Ro-Ro Cargc	Passenger Ship	10880	(Null)	(
8708608	14.01	IUQF	71.15	FILIPPO LIPPI	247041700	1643	597	810	客货两用船	Passenger/Ro-Ro Cargc	Passenger Ship	10880	10	
8708593	14	IWZT	71.15	ANTONELLO D	247041800	1643	582	784	客货两用船	Passenger/Ro-Ro Cargc	Passenger Ship	10880	15	
8707549	26	YQTX	184.9	EFORIE	264500038	20621	12000	6186	客货两用船	Passenger/Ro-Ro Cargc	Passenger Ship	10880	(Null)	(
8707329	26	FNBR	151.2	BRETAGNE	227286000	24534	3249	13242	客货两用船	Passenger/Ro-Ro Cargc	Passenger Ship	10880	43	
8706739	16.01	ITTA	91.01	STELIO MONT(	247046700	2781	891	1533	客货两用船	Passenger/Ro-Ro Cargc	Passenger Ship	10880	20	

图 2-5　要素丰富、知识全面、质素提升的全球 SHIP 属性数据库

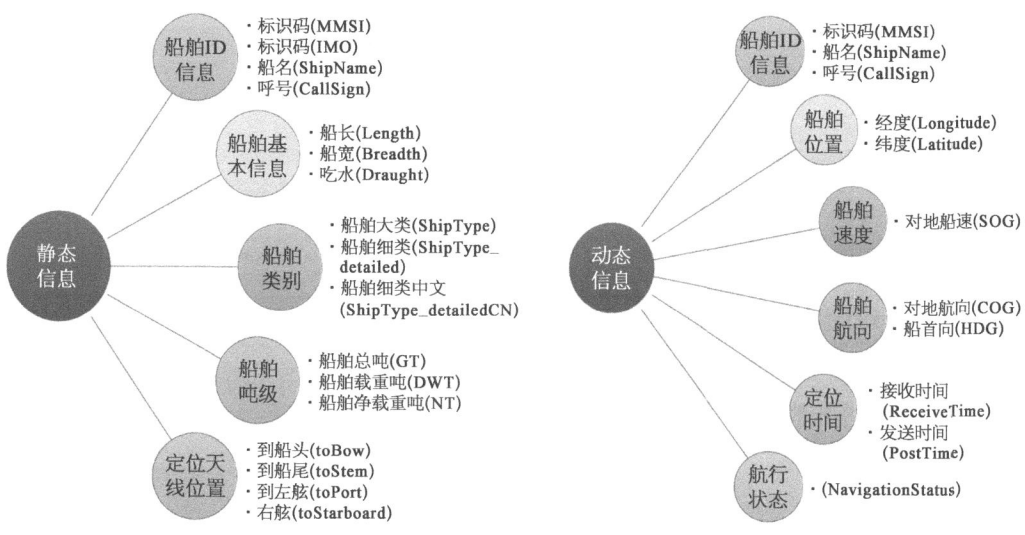

图 2-6　船舶追踪系统数据库主要信息要素构成

3）面向港口空间结构的可视化船舶追踪数据下载

结合地理信息系统，创新研发了时空范围可视化数据爬取技术，实现了面向航道、锚地、泊位等港口时空范围定制化、精准化的船舶追踪数据爬取，船舶追踪数据可视化时空精准下载流程如图 2-7 所示。本技术的可视化模式，降低了 AIS 数据在使用过程中的技术门槛，丰富了业务人员的技术手段，提升了 AIS 数据的使用频率，促进了 AIS 数据在港口规划领域的广泛应用。可视化船舶追踪数据时空精准下载系统界面如图 2-8 所示。

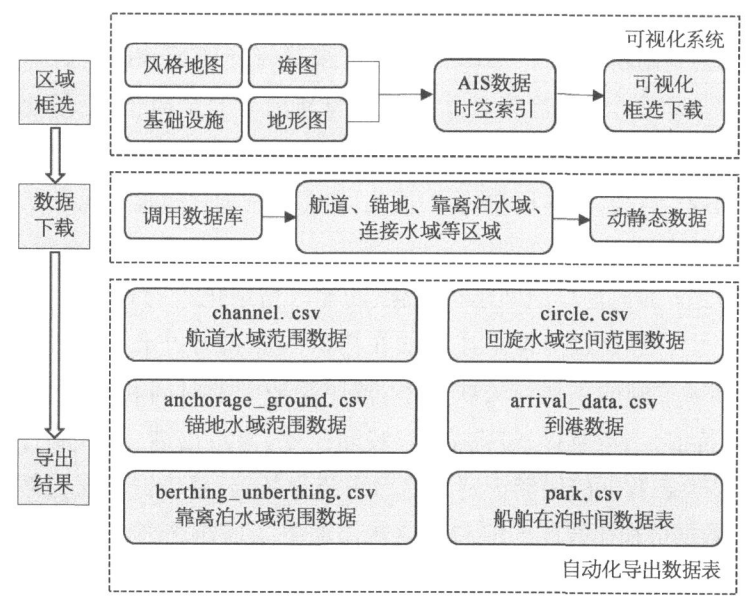

图 2-7　船舶追踪数据可视化时空精准下载流程

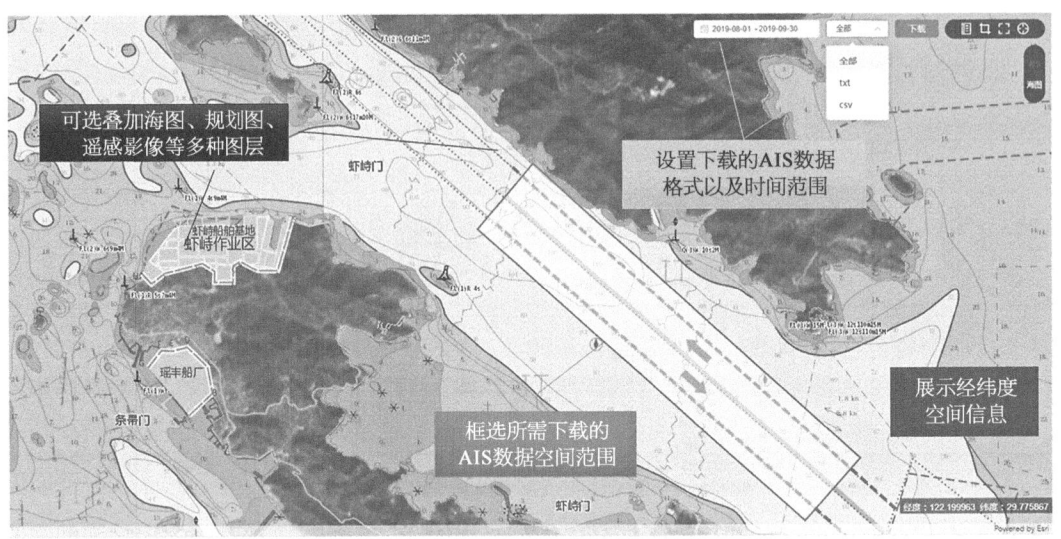

图 2-8 可视化船舶追踪数据时空精准下载系统界面

2.1.2 基于 AIS 大数据可视化智能匹配和时空解译算法的船舶行为链分析系统

当前面临的问题和难点：传统的船舶行为分析主要描述船舶的活动特征，如位移变化、速度变化等，相关研究重点面向船舶航迹预测、船舶会遇态势、航行风险识别、异常检测、航行方式等方面，对船舶行为认知较为发散，缺乏系统性和全面性，也没有考虑船舶的港口通航条件、资源配置（如航道、锚地、泊位、来往船舶等）对船舶运动行为的影响与合理表达。

主要技术重点：创建了基于"AIS 大数据可视化智能匹配和时空解译算法"的船舶行为链分析系统，实现对船舶行为链及港口资源利用率的全面化、定量化、智能化分析和挖掘。

解决关键问题：解决了港口空间结构优化、功能区精细化布置和规划方案多维比选缺乏现状数据支撑的问题。

主要技术方法：面向港口空间结构优化、功能区精细化布置和规划方案多维比选等需求，提出船舶行为链的概念，即描述船舶在港口内部和周边水域中活动的连贯过程，以及与其他参与者之间的互动与关联关系，按照船舶到港时间和港口空间结构分解为船舶到港、锚地待泊、水域航行、进港靠泊、装卸作业、离泊出港、水域航行、离开港口等环节。以融合多模态数据的船舶识别与追踪系统为基础，基于嵌套时空解译算法，创建了基于"AIS 大数据可视化智能匹配和时空解译算法"的船舶行为链分析系统，构建出船舶行为链，客观刻画船舶在航道、锚地、泊位的行为模式，以及船-船会遇交互时的行动逻辑，实现对船舶在航道、锚地、泊位等要素资源使用情况全面化、定量化、智能化、可视化的分析和挖掘,为港口空间结构匹配程度的量化以及船舶通航规则、行为模式的数字化提供数据驱动。

1) 船舶行为链的概念

船舶行为链主要是指港口内部和周边水域中,船舶与其他涉及船舶的参与者之间的互动与关联关系,以及所有船舶活动的连贯过程,按照船舶到港的时间顺序可以分解为船舶到港、锚地待泊、水域航行、进港靠泊、装卸作业、离泊出港、水域航行、离开港口等环节。船舶行为链的主要特征包括:全面性、动态性、复杂性、综合性、不确定性、时空关联性、交互性、可追溯性、多层次性以及数据化等。面向港口空间结构的船舶行为链概念图如图2-9所示。

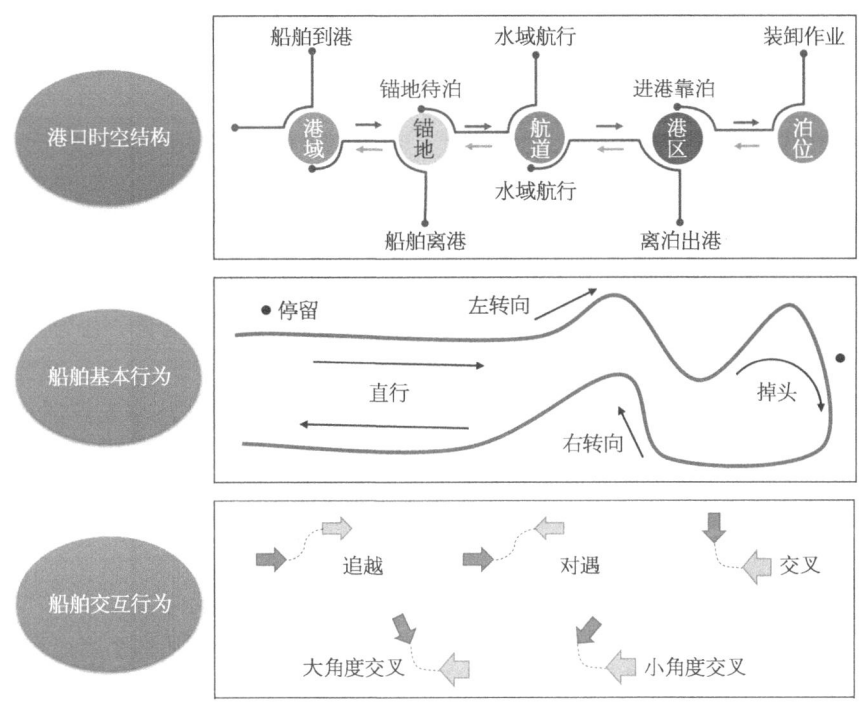

图2-9 面向港口空间结构的船舶行为链概念图

(1) 全面性

船舶行为链涉及海上、码头和港口周边地区等多个空间维度。同时,行为链中还包括了船舶从到港到离开港口全部过程,时空跨度比较广,构成了一个完整的行为链条。

(2) 动态性

船舶行为链是一个连贯的、动态的过程。众多船舶在港口航道、锚地、泊位等空间中流动、交互,每个环节都在不断地发生变化,相互关联、动态影响。

（3）复杂性

船舶行为链涉及的参与者和环节比较多，其中包括船舶、码头、港口设施、装卸作业人员、监管部门等多个参与者，以及靠泊、装卸作业、通关等多个环节，这使得船舶行为链的复杂程度相对较高。

（4）综合性

船舶行为链中的各个环节之间相互耦合、相互影响，各港口资源的综合调度和利用，对于整个港口运作的研究和优化必须综合考虑各个环节以及各个资源要素的影响和作用。

（5）不确定性

船舶行为链中的参与者和环节不仅多样化，而且存在许多不确定的因素，如水文、气象外部条件的制约，船舶通航规则的限制等，这些因素会导致船舶行为链产生变化和不确定性。

（6）时空关联性

船舶行为链中的不同环节和操作之间存在强烈的时空关联性，不同的操作和环节之间存在着一定的操作先后顺序以及时间顺序。

（7）交互性

船舶行为链中的各个船舶之间相互交互，每一方的动作都会对其他方产生影响。而船舶的操作、停泊和装卸作业进展等处理也会对港口资源的利用和分配产生影响。

（8）可追溯性

在船舶行为链中，各个船舶的行动都可以被追溯，包括船舶的位置和流动轨迹等，这种可追溯性使得船舶行为链的分析和管理更加科学和精准。

（9）多层次性

船舶行为链包含了多个层次的信息，包括船舶泊位使用信息、航线航路信息、装卸作业信息等。这些信息本身具有不同的特性和意义，可进行适当的挖掘和整合。

（10）数据化

随着信息技术的发展和普及，船舶行为链中的各个环节都可以用数字化的方式进行处理和记录，形成各种数据。这些数据可以用于分析和优化港口运作，提高运行效率。

利用数据挖掘技术构建了具有一定时空意义的船舶行为链，可客观刻画船舶在航道、锚地、泊位的行为模式，以及船-船交互时的行动逻辑，促进港口规划和运营管理的信息化，为港口空间结构匹配程度的量化以及船舶通航规则、行为模式的数字化提供数据驱动。

2）面向船舶行为模式分析的时空解译算法

嵌套时空解译算法，对船舶行为链的每个环节的船舶运动点进行提取和表达，将船舶

行为链的运动点数据结构定义为

$$T_{i,j} = \{\text{Longitude}, \text{Latitude}, \text{COG}, \text{SOG}, \text{ShipType}, \text{Length}, \text{Breadth}, \text{ReceiveTime}\}$$
(2-1)

其中，i 为船舶的 MMSI，j 为具有同一 MMSI 的船舶的轨迹点次序，$T_{i,j}$ 表示某一船舶在某时刻的船舶轨迹信息；Longitude、Latitude 表示船舶轨迹的位置属性；SOG 表示船舶轨迹的速度属性；COG 表示船舶轨迹的方向属性；ReceiceTime 表示船舶轨迹的时间属性；ShipType、Length、Breadth 表示船舶静态属性，反映船舶的类型、吨级等特征。

$T_{i,j}$ 与 $T_{i,j+1}$ 分别表示具有相同 MMSI 的船舶，按照接收时间进行排序后得到的相邻轨迹点，其中，t_j、t_{j+1} 分别表示相邻轨迹点的发送时间，v_j、v_{j+1} 分别表示相邻轨迹点的航速大小，c_j、c_{j+1} 分别表示相邻轨迹点航向大小，将船舶相邻轨迹点的航速、航向变化率分别表示为：

$$v' = \frac{v}{t} = \frac{v_{j+1} - v_j}{t_{j+1} - t_j}$$
$$c' = \frac{c}{t} = \frac{c_{j+1} - c_j}{t_{j+1} - t_j}$$
(2-2)

其中，v'、c' 分别为航速、航向变化率；Δv、Δc 分别为相邻两轨迹点间的航速、航向变化量；Δt 为相邻两轨迹点间的时间变化量。船舶行为链的轨迹时空变化追踪示意图如图 2-10 所示。

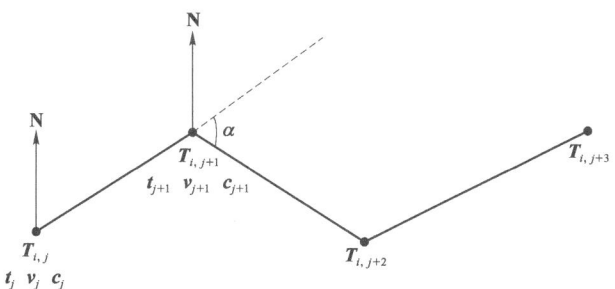

图 2-10　船舶行为链的轨迹时空变化追踪示意图

3）船舶行为链表征算法模型

面向船舶行为链关键环节，考虑港口航道、锚地、泊位等资源要素的时空结构与功能，构建船舶行为链表征模型，围绕船舶到港、锚泊、航行、靠泊、作业、离泊、船船交互等过程进行量化分析。

船舶航行行为链及港口资源利用智能化输出结果如图 2-11 所示。基于融合港口航道-锚地-泊位空间信息、船舶实时数据和档案等多模态数据的船舶识别与追踪系统获取的锚地水域范围数据、到港数据、靠离泊水域范围数据、航道水域范围数据、回旋水域空间范围数据、船舶在泊时间数据表数据资源,嵌套空间解译算法后,对港口资源利用率进行全面化、定量化、智能化的分析和挖掘。船舶行为链全流程构建及智能化分析结果如图 2-12 所示,为港口航道、锚地、泊位等资源的合理匹配、精准规划提供更加丰富的分析手段,可实现港口基础设施利用情况的定量化评估,助力港口空间资源的高效利用和合理优化。

图 2-11 船舶航行行为链及港口资源利用智能化输出结果

2 港口空间结构迭代优化关键技术

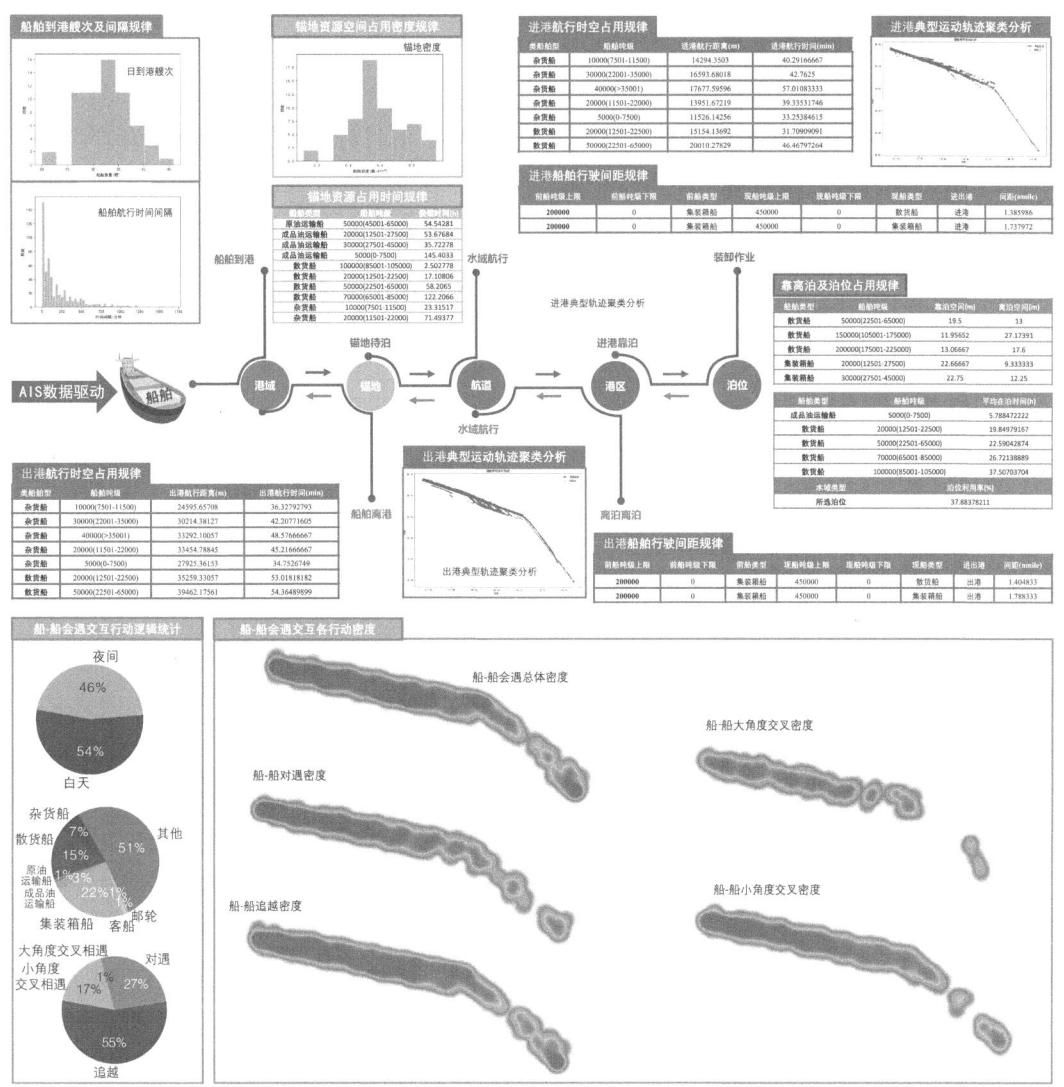

图 2-12 船舶行为链全流程构建及智能化分析结果

2.2 面向港口空间结构优化的多目标多维度评估技术

开展港口空间结构的评估以及优化研究,量化港口各空间资源的利用以及相互匹配水平,离不开科学合理的量化标尺。评价指标体系是一个从多个角度、多个维度对一个事物进行综合评价的工具,在各种领域中都有广泛的应用,包括经济、教育、科技、社会、自然资源管理等领域。为此,本研究考虑船舶差异和多元属性叠加影响,构建了面向港口空间结构优化的多目标多维度评估技术。

当前面临的问题和难点：现有研究指标体系主要包括通航风险、航道利用、经济分析等，但港口营运过程中的通航管理和资源调度是个复杂的系统工程，泊位组合、航道性能、船流特征、靠泊作业能力、锚地规模、自然条件等影响因素众多，具有很强的随机性，现有研究多针对具体某一问题构建指标进行评估分析，缺乏多目标、多层次、叠加影响的考量，不足以支撑港口空间结构的科学测度及量化。

主要技术重点：创建了"水文-气象-通航环境多元属性叠加影响"的港口空间结构匹配水平多目标多维度评估算法模型，实现了面向港口内部资源要素的综合效率评估、面向港口外部多元属性叠加影响下的综合效率评估以及面向特殊航行规则要求下的综合效率评估。

解决关键问题：填补了传统港口空间资源利用评估中无法量化叠加影响效果以及评估没有分层次、成体系的空白，为港口空间结构匹配水平提供了更加全面、准确、具有代表性的评价指标体系和智能化算法。

主要技术方法：以船舶在不同港口空间结构中的活动模式变化作为突破口，以船舶活动展现的系统效率作为标尺，面向港口空间结构匹配程度量化的需求，开展评价指标体系研究，旨在构建一个有效的、可靠的、科学的、全面的评价体系，以便对港口空间结构进行定量化、标准化的量化分析，提供科学依据、决策支持和管理指导，指导各类资源的优化配置，实现资源的合理使用。

船舶通航效率是体现港口高质量和港口空间结构契合程度的重要问题和主要表征。为了量化港口空间结构效能和率定港航动态交互算法模型参数，本研究提出了一种面向多目标多维度的评价指标体系，研发由面向港口各要素资源利用和船舶通航差异下的综合效率评价指标、面向多元属性叠加影响下的综合效率评价指标以及面向特殊航行规则要求的综合效率评价指标组成的港口空间结构匹配水平多目标多维度评估算法模型，集成了水文、气象、通航环境等多元属性叠加影响的考量。同时，该技术还引入了多目标多维度评价方法，从航道、锚地、泊位资源的结构与功能等多维度、水文-气象-通航环境等多元属性、特殊航行规则要求等不同角度进行全方位、系统化的评估。可直接为港航动态交互算法通用系统的提供模型率定参数；也可解决港口资源利用的量化标准难统一的问题，为发挥系统效能瓶颈的甄别、港口资源配置短板的论证、提出优化措施方案等提供破题思路和技术方法。

结合港口外部环境要素条件以及内部资源要素配置，基于船舶行为链分析，构建了港口空间结构匹配水平的多目标多维度评价指标体系，并融合算法，进行模型开发。港口空间结构匹配水平多目标多维度评估模型组成如图 2-13 所示，指标体系包含了面向港口内部各要素资源利用、面向港口外部多元属性叠加，以及面向航行规则要求的三方面。

图 2-13 港口空间结构匹配水平多目标多维度评估模型组成

2.2.1 面向港口内部各要素资源利用

结合船舶在港口内部各要素资源中的流动状态以及活动形式,分为船舶到港、锚地等待泊、水域航行、靠泊进港、装卸作业、离泊出港、水域航行和离开港口等连贯过程,从船舶差异性维度和不同时间角度,提出了由船舶到港规律、船舶锚泊阶段、船舶航道航行阶段、靠离泊阶段以及船船交互行为组成的评价指标,如图 2-14 所示,包括:

2 个维度:不同船舶和不同时段。

5 个指标层:船舶到港、船舶航行、泊位靠离泊、锚地锚泊以及船船交互。

22 个指标要素:日到港船舶数量、预计到港时间差、船舶到港分布,进港航道航行时间、出港航道航行时间、航道航行速度、船舶典型运动轨迹、船舶间距,船舶靠离泊空间、船舶靠离泊时间、船舶在泊时间、船舶泊位利用率,锚地密度、船舶候泊时间,船舶总体会遇态势、船舶总体会遇密度、船舶对遇态势、船舶对遇密度、船舶追越态势、船舶追越密度。

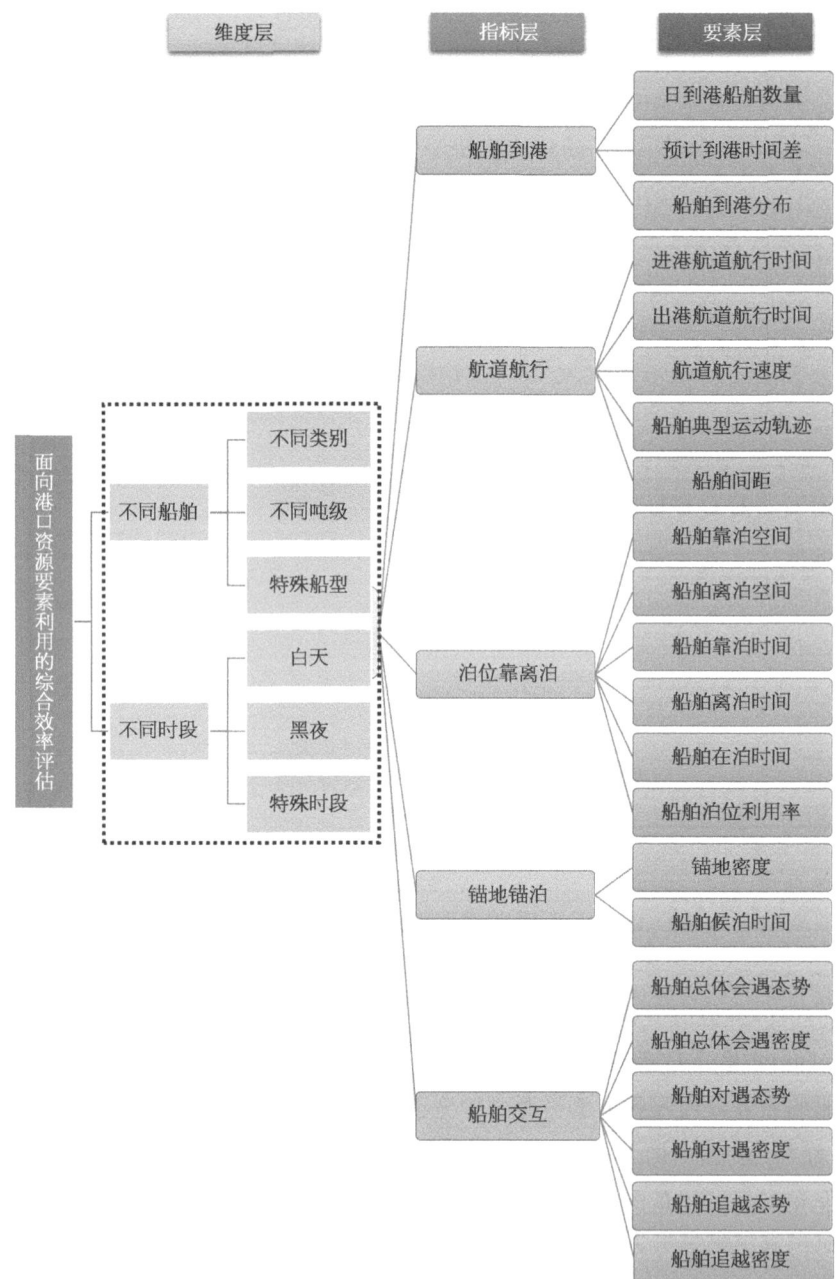

图 2-14 面向港口内部各要素资源利用的综合效率评价指标算法模型

2.2.2 面向港口外部属性叠加影响

结合船舶在港口外部船舶通航条件以及约束条件,考虑水文、气象、通航环境等的叠加效应,展开归因分析,提出了多元属性叠加影响下的评价指标,如图 2-15 所示。

2 个维度:不同船舶和不同区域。

4个指标层：受潮汐因素影响、受夜航影响、受天气因素影响、受交通因素影响。

24个指标要素：受潮汐影响进港总艘次、受潮汐影响进港船舶比例、受潮汐影响进港平均延误时间、受潮汐影响出港总艘次、受潮汐影响出港船舶比例、受潮汐影响出港平均延误时间，受夜航影响进港总艘次、受夜航影响进港船舶比例、受夜航影响进港平均延误时间、受夜航影响出港总艘次、受夜航影响出港船舶比例、受夜航影响出港平均延误时间，受天气影响进港总艘次、受天气影响进港船舶比例、受天气影响进港平均延误时间、受天气影响出港总艘次、受天气影响出港船舶比例、受天气影响出港平均延误时间，受交通影响进港总艘次、受交通影响进港船舶比例、受交通影响进港平均延误时间、受交通影响出港总艘次、受交通影响出港船舶比例、受交通影响出港平均延误时间。

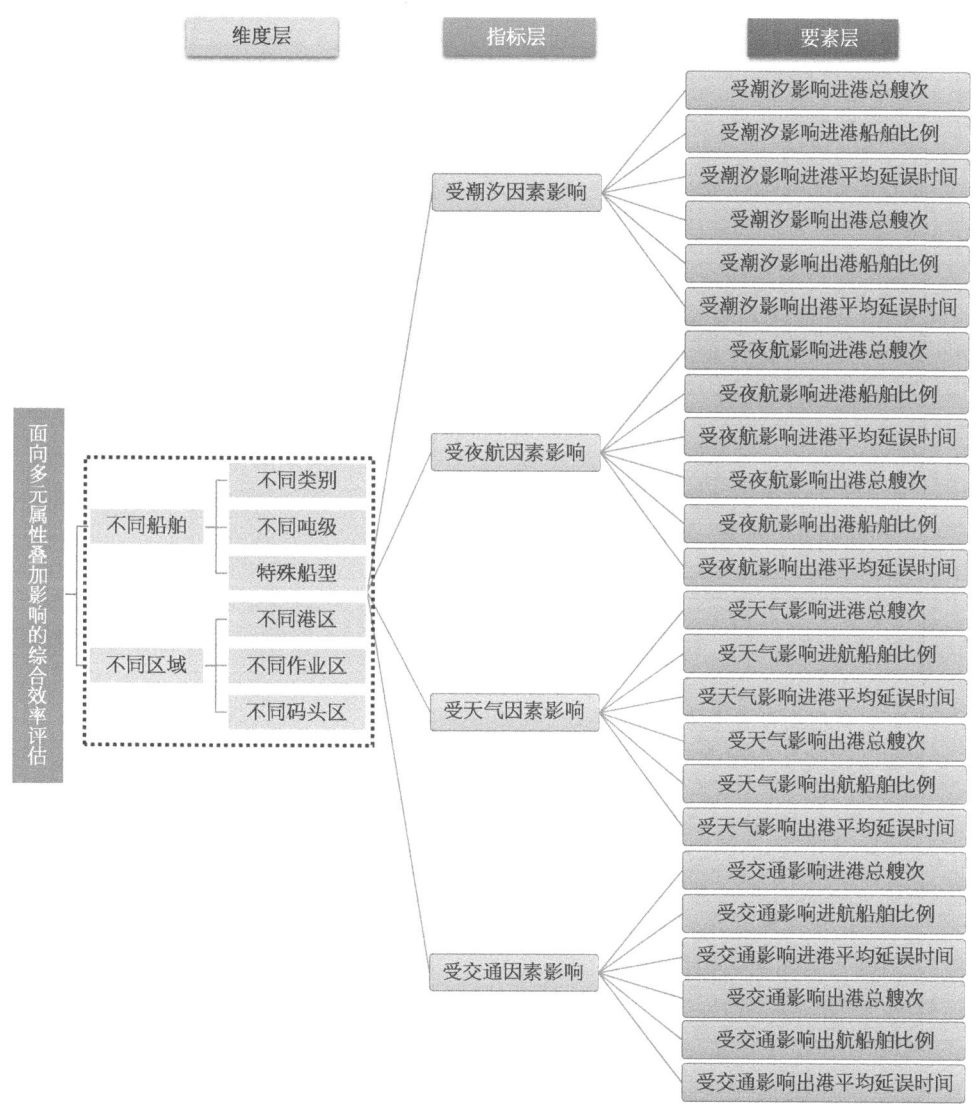

图2-15 面向港口外部多元属性叠加影响的综合效率评价指标算法模型

2.2.3 面向特殊航行规则要求

根据船舶运输货类的不同，通航规则、通航要求的差异，针对不同船舶运输的差异性，如客滚船、集装箱船等准点率要求高，LNG船运输按照规范需实施一定监管措施，大型原油、矿石船舶一般需考虑在水深条件好且缓流的窗口期等，构建了面向特殊航行规则要求的综合效率评估指标，如图2-16所示，包括：

3个维度：不同船舶、不同区域、不同时段。

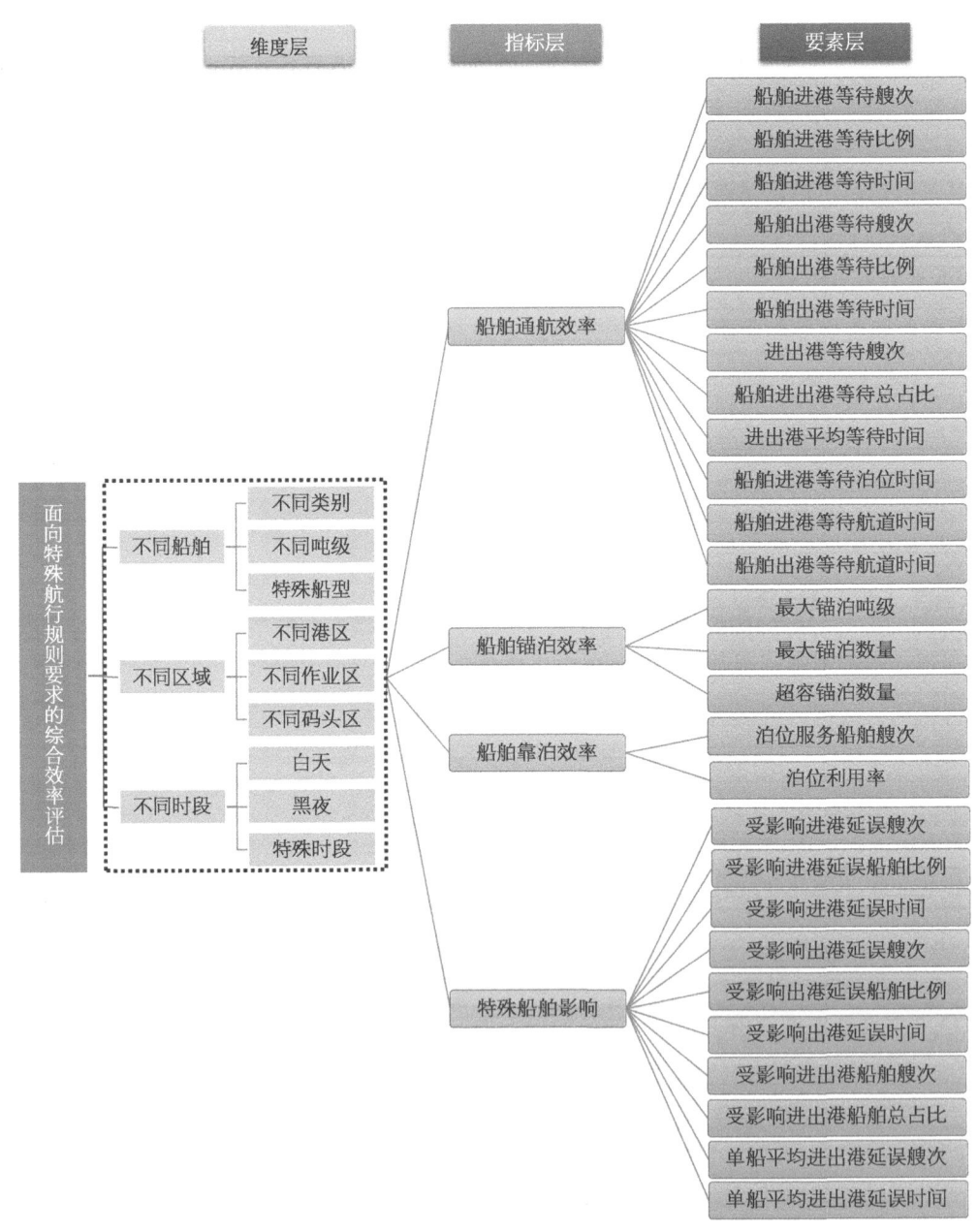

图2-16 面向特殊航行规则要求的综合效率评价指标模型

4个指标层：船舶通航效率、船舶锚泊效率、船舶靠泊效率、特殊船舶影响。

27个指标要素：船舶进港等待艘次、船舶进港等待比例、船舶进港等待时间、船舶出港等待艘次、船舶出港等待比例、船舶出港等待时间、进出港等待艘次、船舶进出港等待总占比、进出港平均等待时间、船舶进港等待泊位时间、船舶进港等待航道时间、船舶出港等待航道时间，最大锚泊吨级、最大锚泊数量、超容锚泊数量，泊位服务船舶艘次、泊位利用率、受影响进港延误艘次、受影响进港延误时间、受影响出港延误艘次、受影响出港延误时间、受影响进出港船舶艘次、受影响进出港船舶总占比、单船平均进出港延误艘次、单船平均进出港延误时间。

2.3 港口空间结构性能演算及可视化技术

港口是一个复杂的、非线性的动态系统，港口空间结构的量化分析无法简单地采用传统排队论、仿真等分析方法，需串联港口航道、锚地、泊位之间的时空拓扑关系，构建航道-锚地-泊位-船舶链接互馈系统，在反映港口空间结构实质的基础上，结合量化评估模型深度评测港口空间结构性能，并采用直观、立体的视觉传达技术，反映评估结果，从而为识别瓶颈、优化分析提供技术支持。基于模块化可重构与即时反馈的港口空间结构性能演算及可视化系统如图2-17所示，关键技术包括：创建了以"船舶航行行为链"为驱动，基于"航道-锚地-泊位-船舶链接互馈""水文-气象-通航环境叠加影响"下的模块化可重构港口空间结构性能演算系统和基于"即时反馈与信息视觉化"的港口空间结构性能可视化系统。

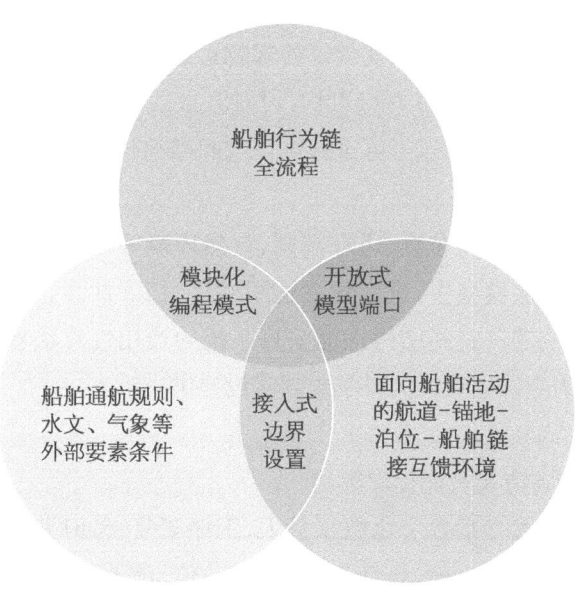

图2-17 模块化可重构港口空间结构性能演算和可视化系统示意

2.3.1 模块化可重构港口空间结构性能演算系统

当前面临的问题和难点：现有有关港口复杂系统评价指标量化多采用排队论或仿真模型等方法，而所建立的仿真模型多以具体或个别港区为原型，其拓展性、通用性和可维护性差，针对不同港口需重复开发，难以复用。

主要技术重点：创建了以"船舶航行行为链"为驱动，基于"航道-锚地-泊位-船舶链接互馈""水文-气象-通航环境叠加影响"下的模块化可重构港口空间结构性能演算系统，从微观层面准确刻画港口空间结构各资源要素的协调与交互，复现其随时空而变化的船舶行为特性，满足了对模型真实度和细粒度更高的要求。

解决关键问题：解决了常规仿真模型拓展性、通用性和可维护性差等问题以及模拟精细度不够的问题。

主要技术方法：以适用于多数沿海港口为目标，基于模块化编程模式对算法模型进行组构优化，形成独立且可重构的港口空间结构性能演算系统。该框架实现了港口总平面布置方案提取算法、水文-气象影响量化算法、船舶航行行为链自动识别算法、船舶到港多模式生成算法、特殊船舶定制生成算法、船舶通航规则概化算法、交通流特征识别算法以及参数自选模块化等。在此基础上，根据各自港口的特征，通过参数化定制上述算法参数，即可完成该港口空间结构模拟环境灵活配置与自动运行，已经为我国宁波舟山港、广州港等数十个沿海港口空间结构的定量评估提供技术支撑，也为不同港口空间结构匹配方案的比对分析提供基础模型。

1) 模块化可组构算法总体逻辑

以船舶行为链全流程构建算法模型，构建面向船舶活动的航道-锚地-泊位-船舶链接互馈环境，兼容船舶通航规则、水文、气象等外部要素条件对船舶响应行为进行综合判断，创新采用模块化编程模式，对模型进行组构，设置开放式模型端口，通过表单以及自选模块对模型参数进行详细配置，创建了可重构港口空间结构性能演算系统，算法逻辑判断流程如图 2-18 所示。

深入挖掘国内港口的水域布置、通航规则、自然环境等影响因素的异同，将各类典型问题进行模块化纳入算法模型中，进而建立适用性广、拓展性强，且涵盖众多沿海港口典型问题的模块化可重构港口空间结构性能演算系统的通用性算法模型，进一步拓展模型适用范围，使其能够为全国港口群的科学规划建设提供决策支持。

2) 港口总平面布置方案智能提取算法

针对港口总平面布置方案数字化数据量大、工序繁复、费时费力等问题，研发港口总平面布置方案提取算法。一方面，自动提取航道、泊位、锚地等时空坐标、名称等信息；另一方面，自动输出水域边界表单、航迹子段表单、航线表单、泊位和锚地表单等内容，极大

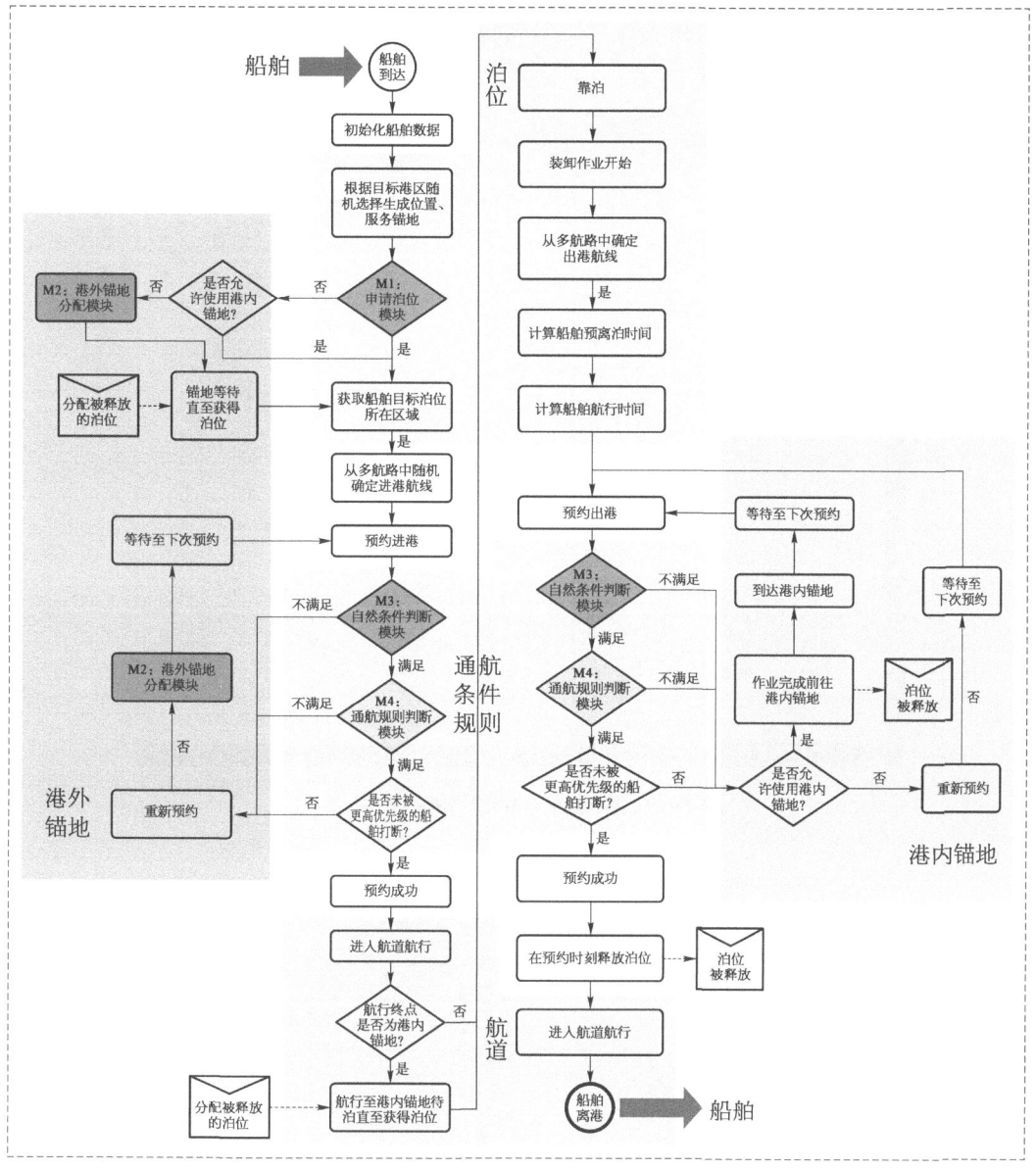

图 2-18 可重构港口空间结构性能演算系统算法逻辑判断流程

地提高了数据获取的速度和准确性,全面支持仿真建模的多方面需求。港口总平面布置方案提取算法如图 2-19 所示。

3) 水文-气象影响量化算法

围绕影响船舶航行和作业的最主要因素——水文-气象影响因素,研发算法,使得可重构港口空间结构性能演算系统中兼顾水文-气象等外部要素的影响,真实反映港口空间结构的状态。水文-气象影响量化算法输入表单如图 2-20 所示。

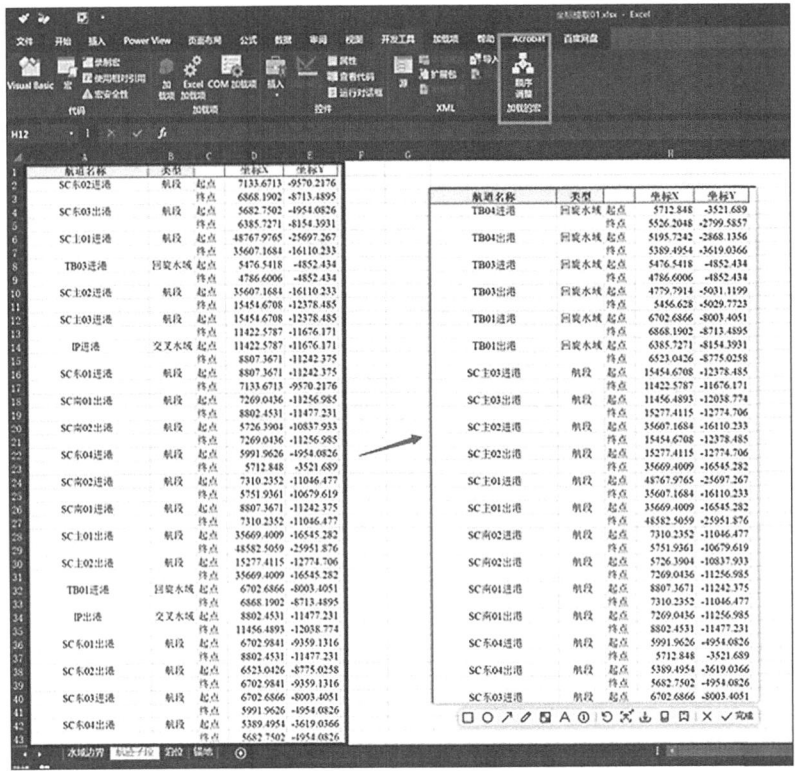

图 2-19 港口总平面布置方案提取算法示意

	A	B
1	小时序号	潮位
2	0	2.37
3	1	1.58
4	2	1.04
5	3	0.88
6	4	1.17
7	5	1.97
8	6	3.06

	A	B	C	D	E
1	月份	潮汐类型	初相位	平均潮位(m)	平均潮差(m)
2	1	半日潮	0.44	2.3	0.8
3	2	全日潮	2.8	1.5	0.9
4	3	半日潮	2.49	0.3	1.1
5	4	半日潮	0.83	1.2	0.7
6	5	半日潮	1.78	2.4	2
7	6	半日潮	2.78	1.3	1.5
8	7	半日潮	0.12	0.2	1.8
9	8	半日潮	2.96	1.7	2.3
10	9	半日潮	3.04	0.2	2.3
11	10	半日潮	0.67	1.4	1.6
12	11	半日潮	1.5	0.3	0.7
13	12	半日潮	0.72	2.1	1.6

	A	B	C	D	E
1	月份	日期	开始时间	持续小时	风雾
2	1	3	17	21.00	雾
3	1	12	11	4.00	风
4	2	4	16	5.00	风
5	2	8	10	5.00	雾
6	2	10	10	18.00	雾
7	3	7	14	1.00	雾
8	3	19	21	8.00	风
9	3	22	12	11.00	风
10	3	23	9	11.00	雾

图 2-20 水文-气象影响量化算法输入表单

潮位：可选择按照实际潮位过程按小时输入，或按照规则潮位按该月潮汐类型（全日潮/半日潮）、初始相位（使用圆周率表示）、平均潮位、平均潮差进行输入。

恶劣天气：根据风、雾等对船舶航行进行限制，可精确输入具体每一次恶劣天气开始的时间、持续时间以及恶劣天气类型。

4）船舶行为链自动识别算法及港口时空组构算法

船舶行为链自动识别算法及港口时空组构算法示意如图 2-21 所示。基于船舶行为链分析系统以及港口总平面布置方案提取算法结果，针对船舶采取的不同航行行为，围绕锚地、航道子段、交叉水域、回旋水域、连接水域等港口空间范围研发自动识别算法模型；提取港口时空内船舶活动相关特征，生成船舶进出港典型轨迹集合；利用图数据结构整合港口空间结构和船舶进出港典型轨迹集合，构建港口水域图结构数据模型，供港口空间结构性能演算系统调用。

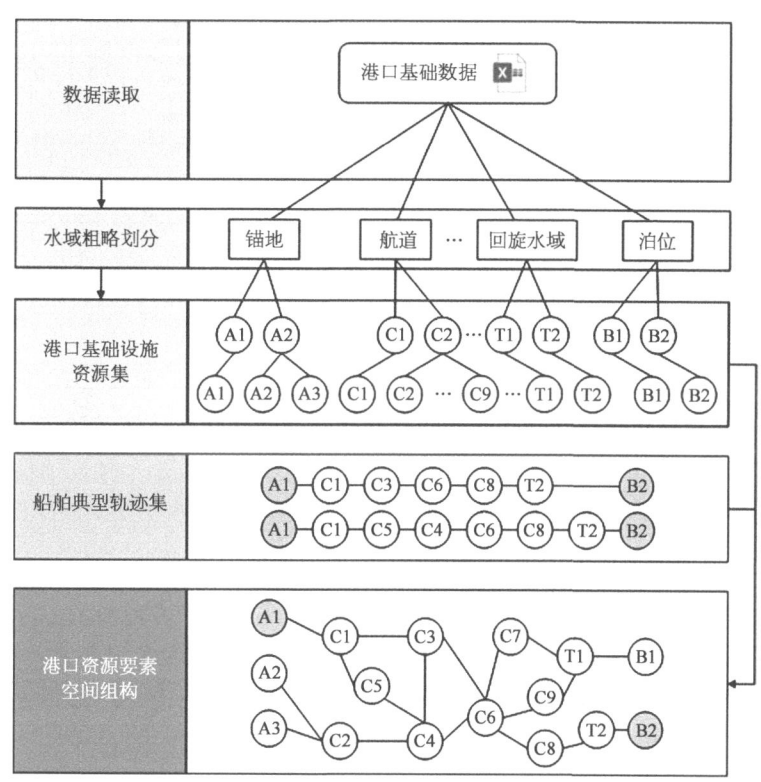

图 2-21 船舶行为链自动识别算法及港口时空组构算法示意

5）船舶通航规则概化算法

船舶通航规则概化算法如图 2-22 所示，综合考虑多航路进出港、船舶组队进出港、船舶安全间距、是否允许会遇/追越、是否允许夜航、船舶进出港优先级、港内锚地等规则，将与船舶有关的航路选择、组队进出、安全航速、安全间距、追越、会遇、夜航、船舶优先级、港内锚地等各项因素抽象为通用的规则范式,把船舶通航规则数字化概化。船舶交会模型示意如图 2-23 所示。

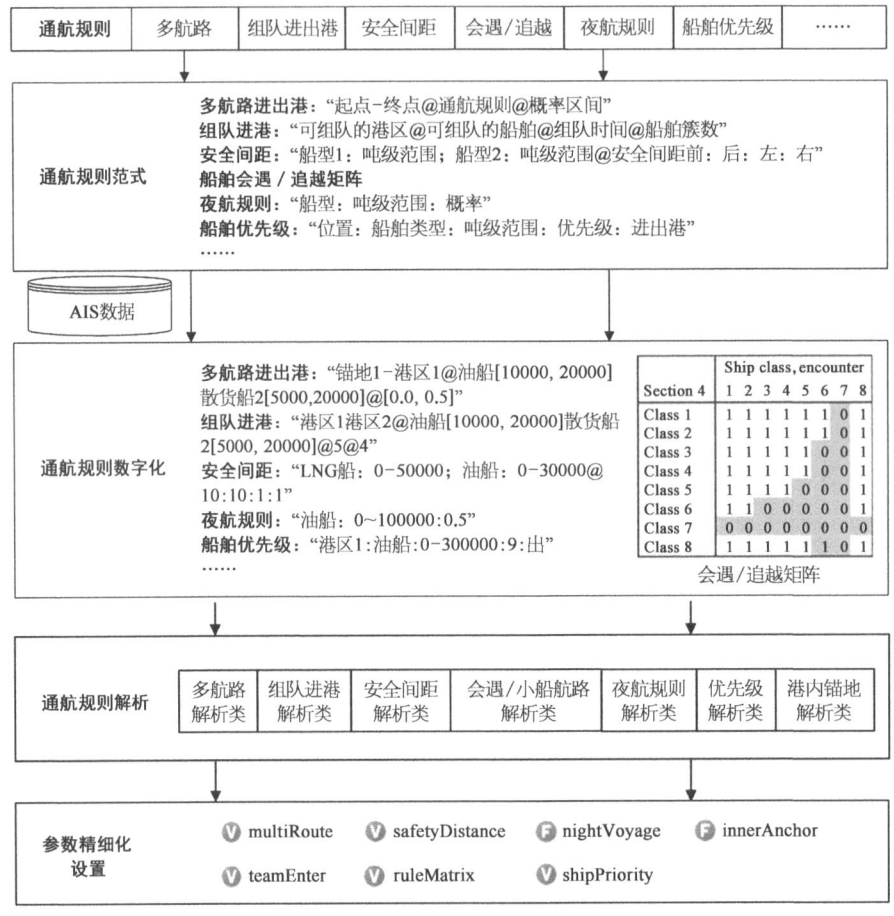

图 2-22 船舶通航规则概化算法

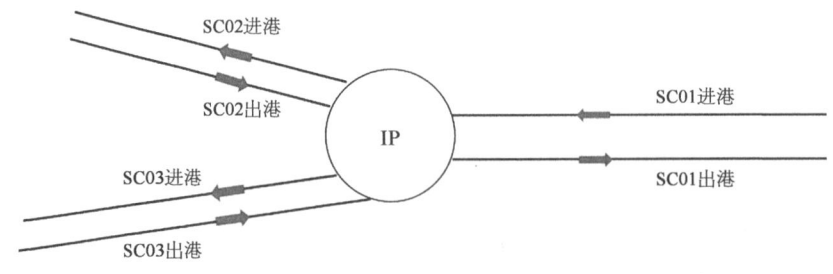

图 2-23 船舶交会模型示意

6) 船舶交通流特征识别算法

面对复杂的水域网络以及各水域功能区的船舶通航规则,船舶何时进出港需要根据水域交通流特征进行实时判断。交通流特征识别算法是综合考虑水域中航行船舶、泊位靠泊船舶、锚地锚泊船舶的状态,结合自然条件、通航条件,综合研判船舶交通流特征,给出申请进出港船舶能否进出港指令,如图 2-24 所示。

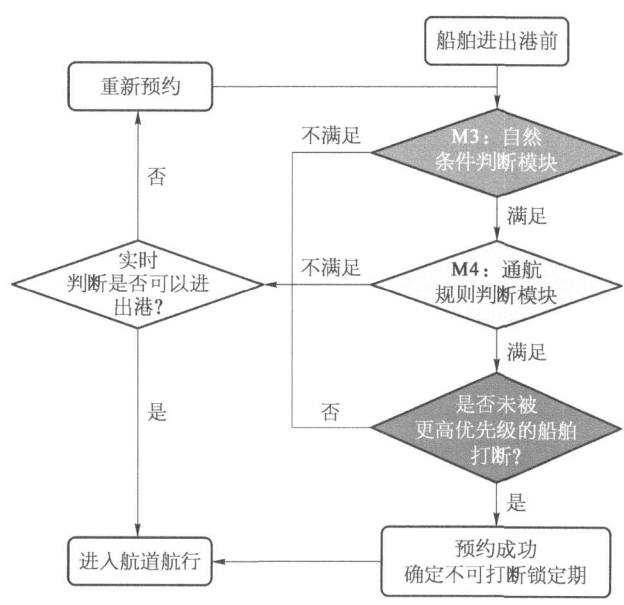

图 2-24 船舶交通流特征识别算法逻辑流程

7) 船舶到港多模式生成算法

研发真实反映船舶到港实际规律的船舶到港多模式生成算法,可根据不同船舶选择不同的到港方式、生成类型和到港周期,实现船舶生成方式的自由组合。船舶到港多模式生成算法如图 2-25 所示。

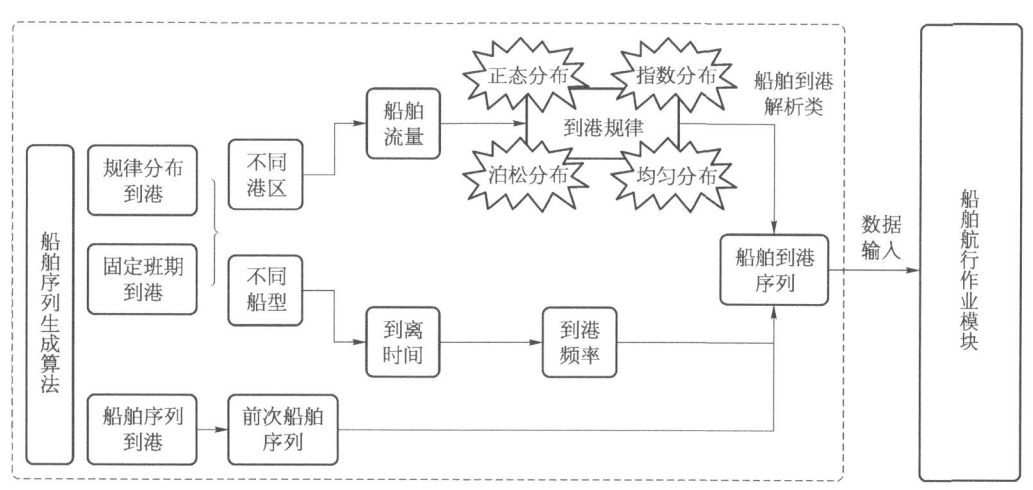

图 2-25 船舶到港多模式生成算法

针对普通船舶：可选择按年产生，到港规律服从正态分布、泊松分布或均匀分布等。

针对特殊船舶：有定点定班需求的如客滚、集装箱等船舶可按照固定班期到港，如全年月际分布不均衡的LNG运输船舶可设置各月之间的差异化到港，各月到港规律可自由选择服从正态分布、泊松分布或均匀分布等。

8) 参数自选模块化

除了通过外部输入表单进行模型参数的调整外，可重构港口空间结构性能演算系统还可以通过调用内嵌自选参数进行算法模型调参，如图2-26所示，包括了33个可变参数和44个固定参数。

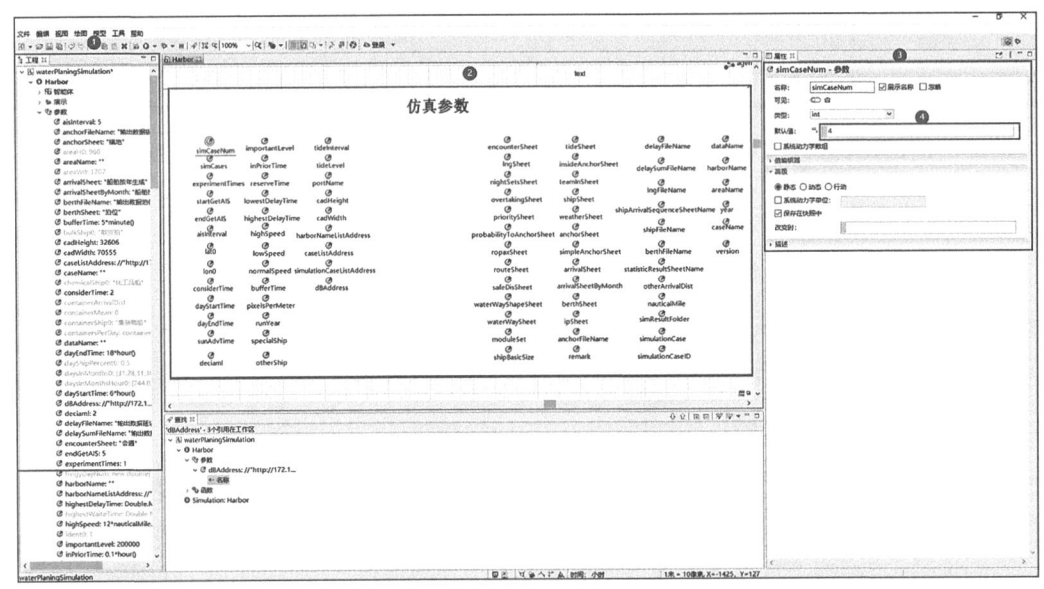

图2-26 自选参数模块

2.3.2 基于即时反馈与信息视觉化的港口空间结构性能可视化系统

当前面临的问题和难点：评估和量化结果展示不直观，港口空间结构性能不能很好地可视化表达，决策支撑水平低。

主要技术重点：创建了基于"即时反馈与信息视觉化"的港口空间结构性能可视化系统，可进行多维度评价指标实时动态展示和立体多维度刻画。

解决关键问题：解决了港口空间结构量化评估结果展示不直观、可信水平较低等问题，为港口运营调度及规划布局方案的决策提供支撑。

主要技术方法：创新引入"即时反馈与信息视觉化理念"，在仿真分析及指标评估过程中采用嵌套算法，实现了船舶在航道、锚地、泊位等区位的实时动态过程可视化以及各项通航效率指标的同步统计分析可视化，支持多图层叠加、多方案对比、仪表盘效果、热力图效果、预警提示效果等动态呈现。同时,针对不同的港口资源要素配置方案以及环境要素边界条件,从风险识别、占用情况反馈、过程再现等方面,对船舶通航效果进行立体化测度,可为港口特定时空结构提出针对性优化建议。在此基础上,实现船舶通航效率评估分析和辅助决策可视化,可供设计者分析过程中和结束后不同阶段的可视化结果,可有效提升港口运营调度及规划布局方案的决策支撑力度和可信水平。

1) 演算模型的过程可视化

某港口空间结构性能演算系统运行过程如图 2-27 所示。结合港口空间结构的输入,船舶在其中活动的状态以及轨迹可实时进行展示,以便对港口空间结构性能有一个直观感受。不同港口的运行过程分析可视化案例如图 2-28 所示。

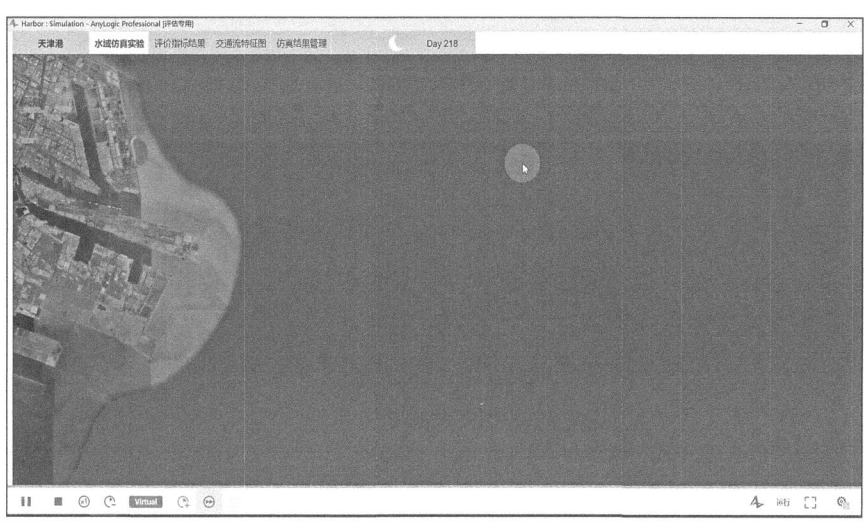

图 2-27 某港口空间结构性能演算系统"运行过程"可视化示意

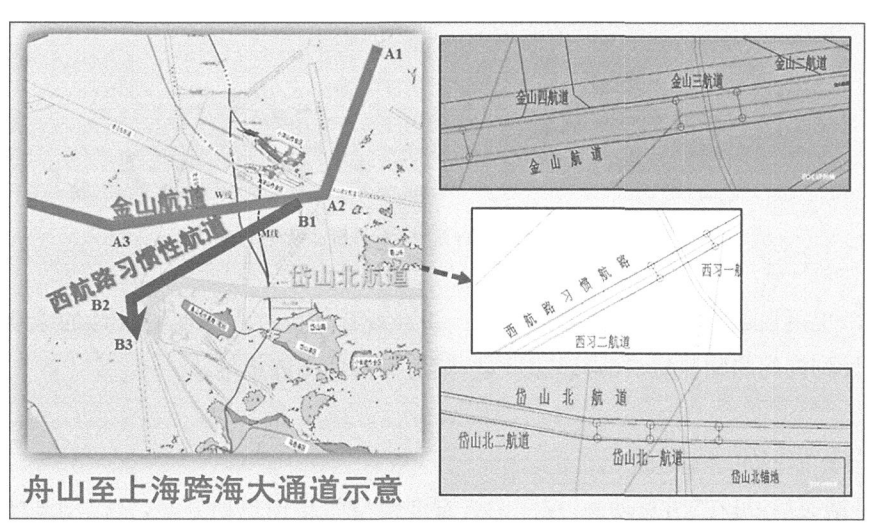

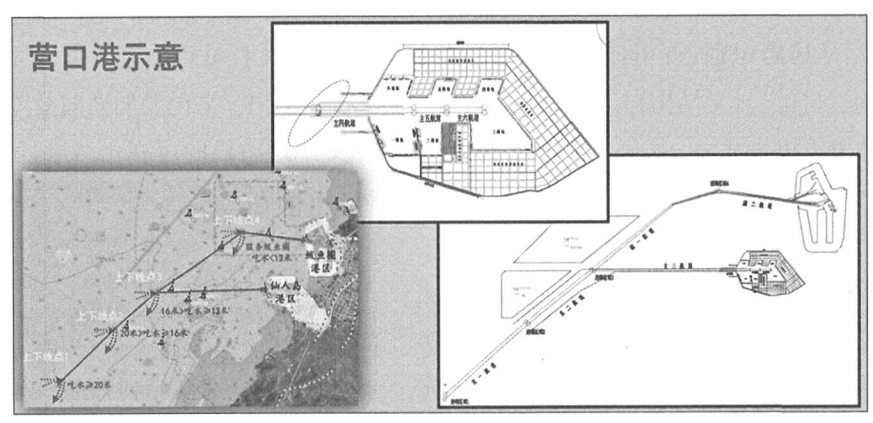

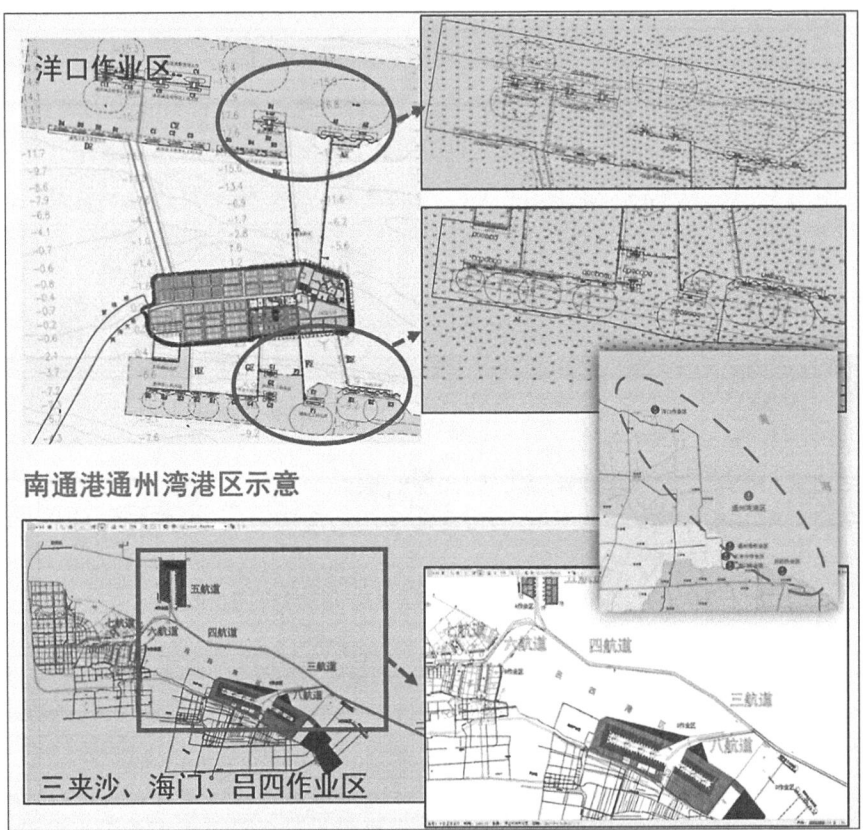

图 2-28 不同港口系统运行分析过程案例

此外,也可根据"实时统计"视图(图 2-29),查看运行过程中实时统计的重要指标数据,如累计到港的船舶数量、在港船舶数量、锚地等待船舶数量等。

2) 演算模型的结果可视化

分析结束后,可在"仿真动画"视图中查看港口空间结构规划方案,并以动画的形式复现船舶在港口水域中活动的全过程。

在"船舶运动"视图(图 2-30)中,可查看船舶交通流特征、船船交互情势等时空分布等热力图。

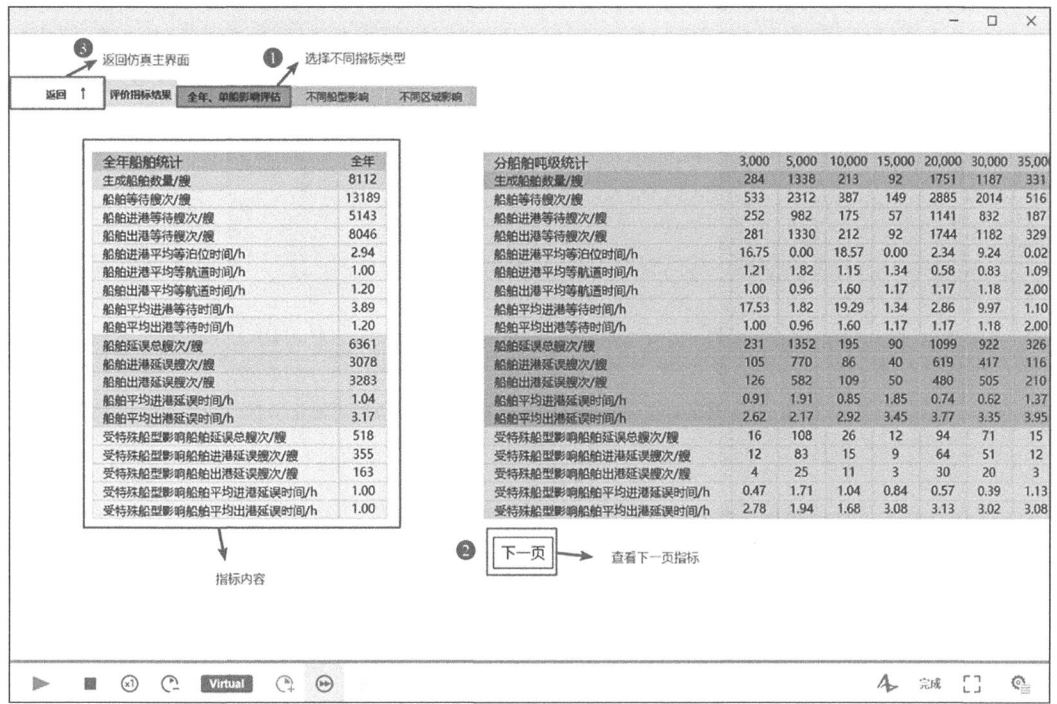

图 2-29 某港口空间结构性能演算系统"实时统计"可视化示意

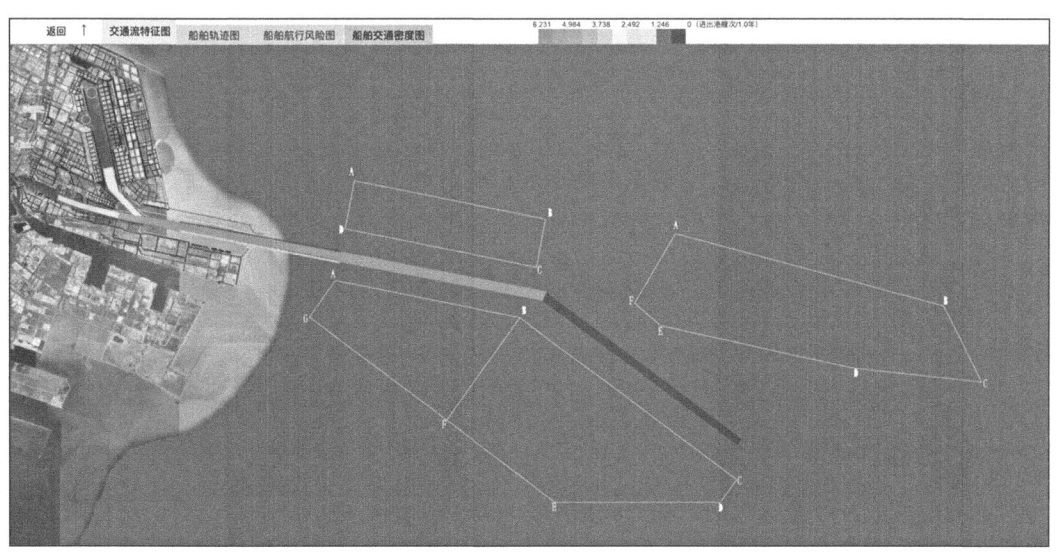

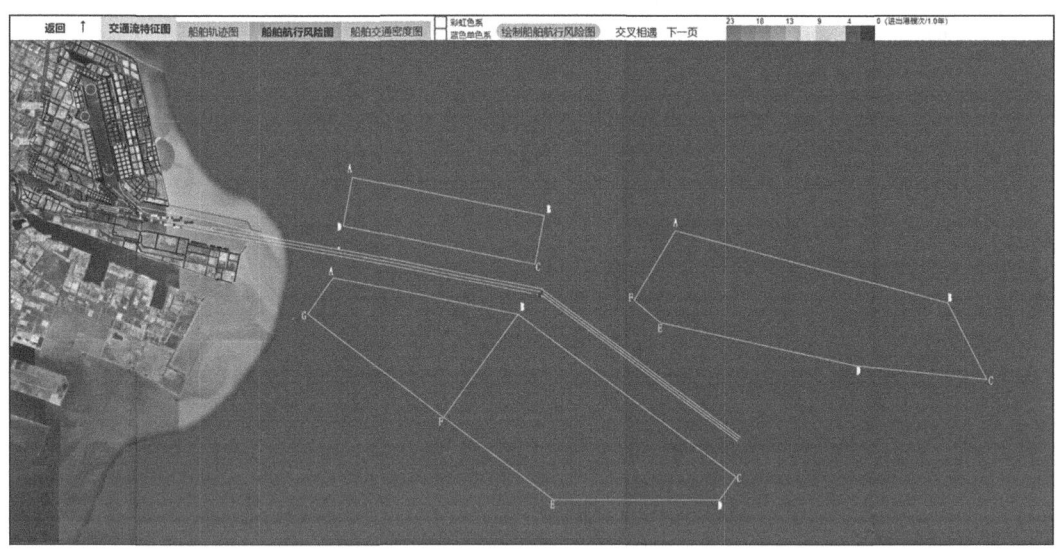

图 2-30 某港口空间结构性能演算系统"船舶运动"可视化示意

可在"统计分析"视图(图 2-31)中,查看相关指标的直方图、饼状图等。

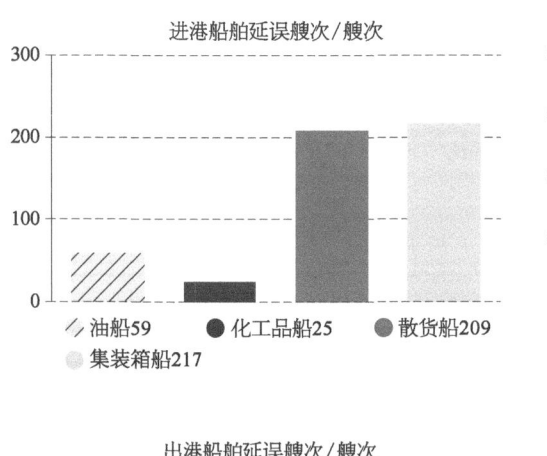

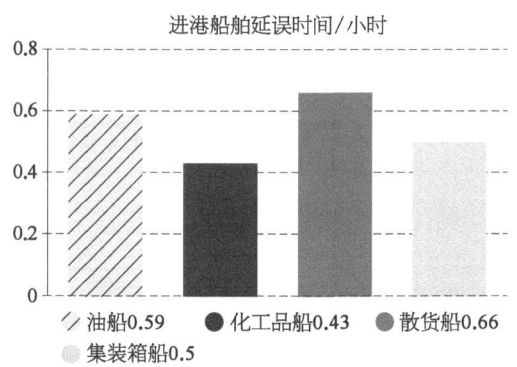

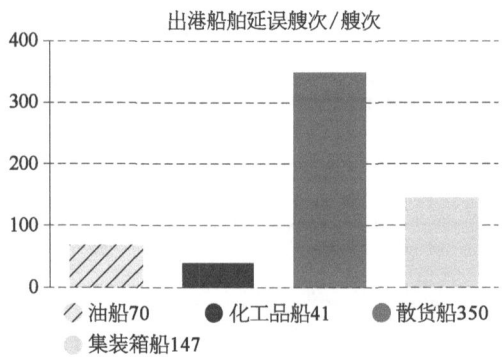

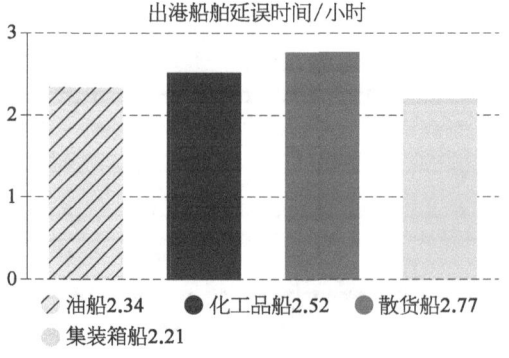

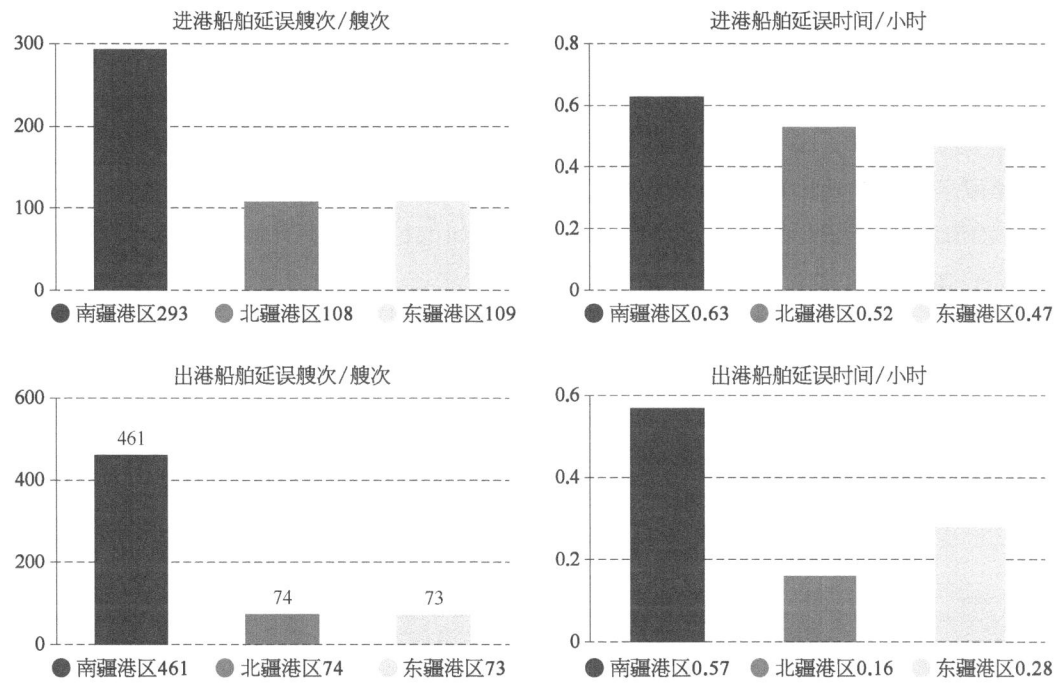

图 2-31 某港口空间结构性能演算系统"统计分析"可视化示意

2.4 基于船舶行为链的港口空间资源迭代优化技术

面向港口空间结构优化目标,创新性提出基于船舶行为链的港口空间资源迭代优化技术,是对各种关键技术的系统整合以及综合应用,旨在提升港口规划的科学性和合理性,为港口规划研究提供一体化分析和决策思路。关键技术包括了基于"船舶行为链"的港口空间资源迭代优化技术、面向"港口相似性与差异性"港口空间结构数据库以及港口空间资源时空协同优化导则。

2.4.1 基于"船舶行为链"的港口空间资源迭代优化方法

当前面临的问题和难点:现阶段规划,主要针对航道、锚地或泊位资源进行单一要素规划,缺乏系统匹配论证和适应性定量评估,并且一般采取从上而下的单线规划,规划调整、比对没有形成系统的方法。

主要技术重点:从港口航道-锚地-泊位作为一个时空整体的角度出发,创建了以"船舶航行行为链"为驱动,基于"航道-锚地-泊位-船舶链接互馈""水文-气象-通航环境叠加影响"下的模块化可重构港口空间结构性能演算系统,满足了模型真实度和细粒度的要求。

解决关键问题：打破传统"自上而下""单一要素"驱动的规划方案和运营调度优化的局限性。

主要技术方法：针对港口规划多阶段序贯决策特征，面向港口结构时空优化目标，以港口空间资源协同方案为研究对象，创造性提出基于"匹配水平初评→时空结构量化→关键制约甄别→时空协同优化"的迭代反馈理念，实现港口航道、锚地和泊位空间资源的匹配方案协同优化与序贯决策。基于"船舶行为链"的港口空间资源迭代优化技术框架如图 2-32 所示。

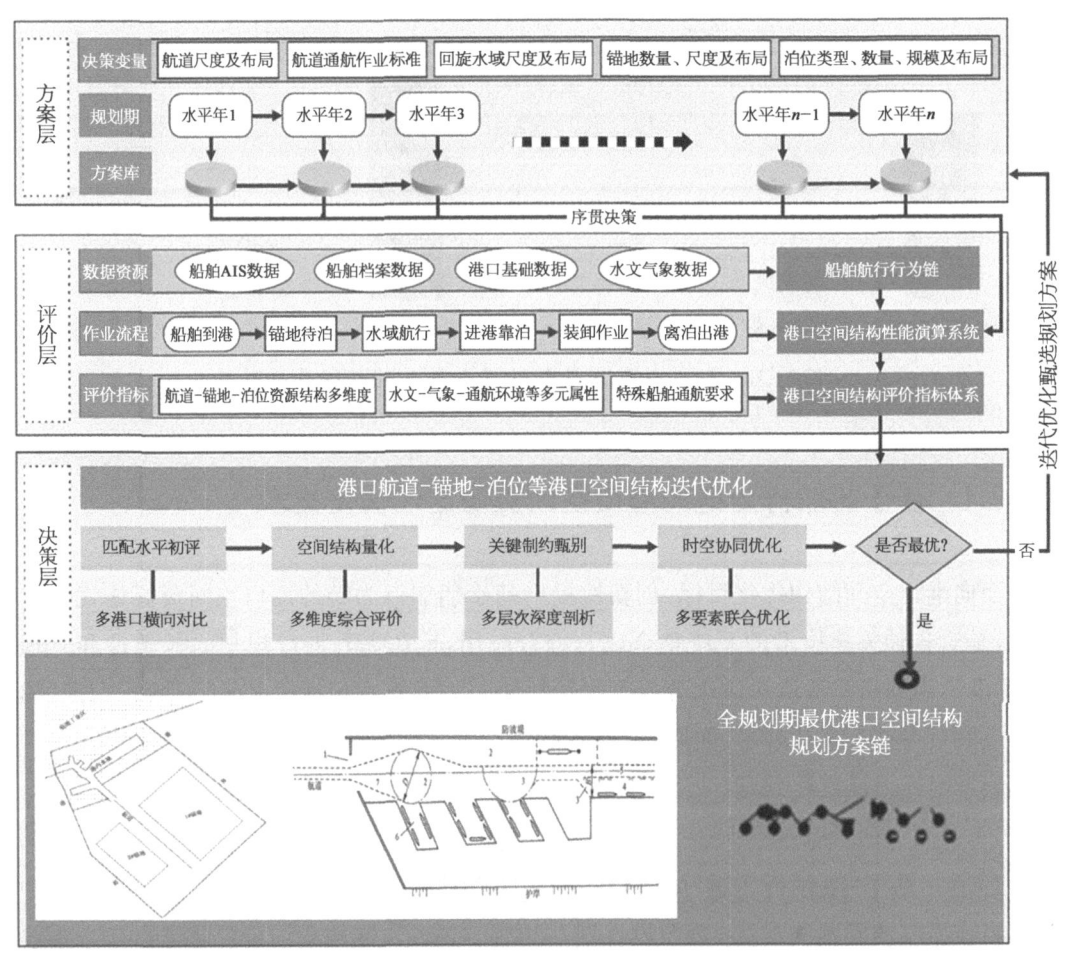

图 2-32 基于船舶行为链的港口空间资源迭代优化方法

首先，以现状港口结构为约束，根据行业规范与专家经验等形成各水平年系列规划方案，包括港口总平面布置、主要功能区主尺度、通航作业标准等。

其次，基于船舶航行行为链分析及港口空间结构性能演算系统，以"船舶"为中心、以"指标评价"为量尺，获得更翔实的分析数据、更夯实的通航效率评估结论和更务实的资源协同优化建议。

最后,以高效安全通航和集约节约资源为原则,通过"横向比较""多维评价""深度剖析"和"协同优化",开展规划方案匹配水平初评、关键制约甄别,形成新的规划方案并进行迭代分析反馈,协同优化港口航道、锚地和泊位空间资源的匹配方案,最终形成全规划周期最优的港口空间结构规划方案链。

2.4.2 面向港口相似性与差异性的港口空间结构数据库

当前面临的问题和难点:全国港口空间结构规划缺少底盘数据支持。

主要技术重点:创建了面向"港口相似性与差异性"港口空间结构数据库,涵盖全国数十个沿海港口。

解决关键问题:为全国港口数字化以及港口(群)资源配置的适应性、均衡性、差异性等研究提供数据底盘支撑。

主要技术方法:基于宁波舟山港、广州港、南通港、连云港港等全国数十个沿海港口规划研究成果,将领域知识、港口内外部环境、港口空间资源定量评估与协同优化结果、经验信息等进行集成和融合,构建了港口空间结构评估及优化数据库。

该数据库全面包含了港口外部环境、内部结构等一系列数据和信息,具体包括现状、规划等不同阶段的资源要素匹配方案集,港口吞吐量及船舶流量方案集,水文、气象、通航环境等多元属性集,基于船舶 AIS 数据的船舶航行行为链条库,以及沿海港口动态交互仿真模型库等,可为其他港口的港航动态交互仿真建模、船舶通航效率定量评估,港口(群)资源配置适应性、均衡性、差异性分析,以及全国港口数字化、"多规合一"等研究提供数据底盘支撑。

根据科学性、稳定性和系统性原则,将数据分为基础属性信息库和规划专题信息库两大类。其中,基础属性信息库包括船舶属性信息库以及港口基础设施空间位置等,主要包括港界、港区/作业区/功能区总平面布置、港内交通、港口集疏运等,采用点、线或面等数据类型表示;港口规划专题信息主要包括港口泊位、航道、锚地(图 2-33)等,港口吞吐量及船舶流量、通航规则单双向通航、夜航、优先级等(图 2-34),气象气温、降水、风况、雾况、湿度等和水文水位、波浪、潮汐等(图 2-35),采用浮点型或字符型等表示。

2.4.3 面向港口相似性与差异性的港口空间资源迭代优化导则

当前面临的问题和难点:面向不同港口,缺乏针对港口空间资源的规划及协同优化指导建议以及工作策略指引。

主要技术重点:提出了一套面向"港口相似性与差异性"港口空间资源时空协同优化导则,指导各层次港口的船舶通航效率评估和港口空间资源时空结构优化。

解决关键问题:为我国沿海港口高质量发展提供案例参照模板。

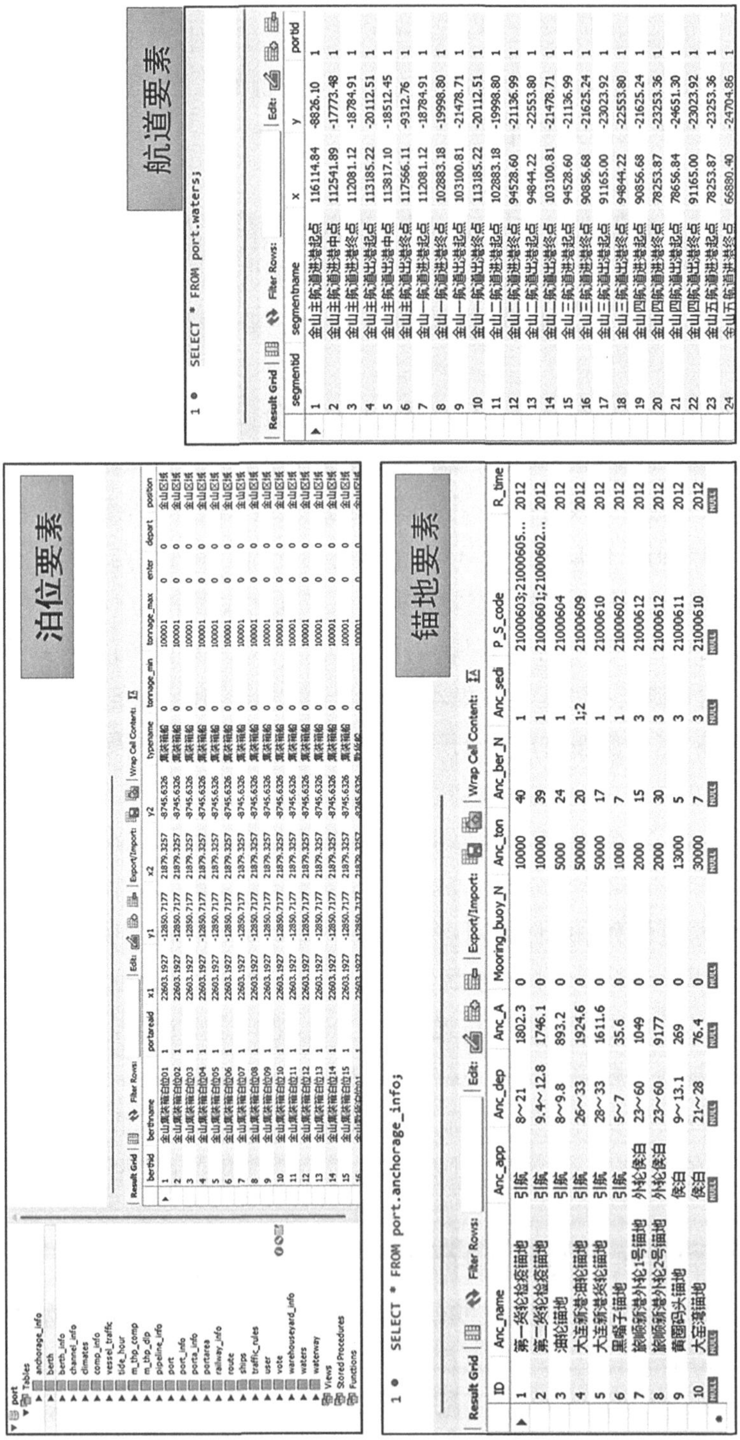

图 2-33 港口泊位、航道、锚地资源要素信息库示意

船舶要素

```
1 ●    SELECT * FROM port.ships;
```

typeid	typename	tonnage	length	width	depth	draught	timeberth	timehandling	timeturning	timewtcgo	time2channel	ton_range	time_load_unload
1	集装箱船	1000	90	15.4	6.8	4.8	2.800490196	4.800490196	0.5	0	0.5	(7501~12500)	2.800490196
2	集装箱船	3000	106	17.6	8.7	5.8	4.632258065	6.632258065	0.5	0	0.5	(12501~17500)	4.632258065
3	集装箱船	5000	121	19.2	9.2	6.9	7.422300275	9.422300275	0.5	0	0.5	(17501~22500)	7.422300275
4	集装箱船	10000	141	22.6	9.7	8.3	10.38372781	12.38372781	0.5	0	0.5	(22501~45000)	10.38372781
5	集装箱船	20000	183	27.6	10.2	10.5	6.071069024	8.071069024	0.5	0	0.5	(45001~65000)	6.071069024
6	集装箱船	30000	241	32.3	10.7	12	6.733876358	8.733876358	0.5	0	0.5	(65001~85000)	6.733876358
7	集装箱船	50000	293	32.3	11.2	13	8.033848485	10.03384848	0.5	0	0.5	(85001~105000)	8.033848485
8	集装箱船	70000	300	40.3	11.7	14	9.157850404	11.1578504	0.5	0	0.5	(7501~11500)	9.157850404
9	集装箱船	100000	346	45.6	12.2	14.5	10.68118067	12.68118067	0.5	0	0.5	(7501~11501)	10.68118067
10	集装箱船	120000	367	48.2	12.7	15.5	12.50333333	14.50333333	0.5	0	0.5	(7501~11502)	12.50333333
11	集装箱船	150000	367	51.2	13.2	16	15.39367816	17.39367816	0.5	0	0.5	(7501~11503)	15.39367816
12	油船	1	70	13	6.8	4.3	6.395833333	12.39583333	0.5	0	0.5	(7501~11504)	6.395833333
13	油船	1000	70	13	8.7	4.3	7.78125	13.78125	0.5	0	0.5	(1000~1500)	7.78125
14	油船	2000	86	13.6	9.2	6.1	9.166666667	15.16666667	0.5	0	0.5	(1501~2500)	9.166666667
15	油船	3000	97	15.2	9.7	5.9	10.79695513	16.79695513	0.5	0	0.5	(2501~4500)	10.79695513
16	油船	5000	125	17.5	10.2	7	19.52598736	25.52598736	0.5	0	0.5	(4501~75000)	19.52598736
17	油船	10000	141	20.4	10.7	8.3	21.78230769	27.78230769	0.5	0	0.5	(7501~12500)	21.78230769
18	油船	20000	164	26	11.2	10	16.75137931	22.75137931	0.5	0	0.5	(12501~27500)	16.75137931
19	油船	30000	185	31.5	11.7	12	23.59046346	29.59046346	0.5	0	0.5	(275001~45000)	23.59046346
20	油船	50000	229	32.2	12.2	12.8	27.19626667	33.19626667	0.5	0	0.5	(45001~65000)	27.19626667
21	油船	80000	243	42	12.7	14.3	24.67767296	30.67767296	0.5	0	0.5	(65001~85000)	24.67767296
22	油船	100000	246	43	13.2	14.8	25.39814815	31.39814815	0.5	0	0.5	(85001~105000)	25.39814815
23	油船	120000	265	45	13.7	16	21.740625	27.740625	0.5	0	0.5	(105001~135000)	21.740625
24	油船	150000	274	50	14.2	17.1	33.59473684	39.59473684	0.5	0	0.5	(135001~185000)	33.59473684

通航规则

```
1 ●    SELECT * FROM port.traffic_rules;
```

id	type	rule
1	优先级	集装箱船 0 1000019 进出
2	优先级	油船 80000 100001 7 进
3	优先级	散货船 80000 100001 7 进
4	夜航	散货船集装箱船油船化工品船 散货船集...
5	夜航	LNG船 LNG船 30
6	夜航	LNG船 散货船集装箱船油船化工品船 30
7	夜航	散货船集装箱船油船化工品船 散货船集...
8	安全距离	油船 0 100001 0.6
9	安全距离	集装箱船 0 100001 0.6
10	安全距离	散货船 0 100001 0.6

船舶流量

```
1 ●    SELECT * FROM port.vessel_traffic;
```

id	typename	tonnage	portareaid	number
1	集装箱船	3000	409	1
2	集装箱船	5000	2044	1
3	集装箱船	10000	818	1
4	集装箱船	20000	654	1
5	集装箱船	30000	123	1
6	集装箱船	50000	41	1
7	油船	3000	2051	1
8	油船	5000	3446	1
9	油船	10000	1518	1
10	油船	20000	656	1
11	油船	30000	304	1

图 2-34　港口船舶要素、船舶通航规则及流量信息库

气象要素

```
1 ●    SELECT * FROM port.climates;
```

month	date	start_hour	continue_hour	weather	port_id
12	13	0	24	风	1
10	30	0	7.5	风	1
4	1	2	3.5	雾	1
8	1	2	7	风	1
5	2	2	11.5	雾	1
3	4	2	2.5	雾	1
7	5	2	10.5	风	1
10	5	2	6.5	风	1
11	6	2	1.5	风	1
9	7	2	7.5	风	1
12	8	2	9.5	风	1
6	10	2	9	风	1
9	10	2	1.5	风	1
2	11	2	1.5	雾	1
4	11	2	4.5	雾	1
3	12	2	8.5	雾	1
5	14	2	7.5	雾	1
9	15	2	5	风	1
10	15	2	7.5	风	1
8	17	2	3	风	1
11	18	2	7	风	1
12	18	2	1.5	风	1
11	19	2	2.5	风	1
12	19	2	8	风	1
2	21	2	10	雾	1

潮位要素

```
1 ●    SELECT * FROM port.tide_hour;
```

hourlyid	tide	portid
8755	1.33	1
8754	1.95	1
8753	2.77	1
8752	3.58	1
8751	4.24	1
8750	4.63	1
8749	4.53	1
8748	3.81	1
8747	2.6	1
8746	1.35	1
8745	0.47	1
8744	0.13	1
8743	0.25	1
8742	0.67	1
8741	1.4	1
8740	2.25	1
8739	3.14	1
8738	3.91	1
8737	4.41	1
8736	4.37	1
8735	3.8	1

图 2-35　港口水文气象要素信息库

主要技术方法：在我国十余个沿海港口研究成果的基础上，将领域知识、港口内外部环境、港口空间资源定量评估与协同优化结果、经验信息等进行集成和融合，应用分类与聚类等理论方法，从港口层次与功能、发展阶段与规模、船型与货类等角度，充分挖掘各港口的相似性与差异性，并提出了一套港口空间资源时空协同优化导则，如图 2-36 所示，进一步实现各项资源的互补，提高资源配置效率，从而实现空间资源的优化协同，可为其他港口提供案例参照模板，极大地推动了我国港口资源的高效利用和空间布局优化数字化发展。

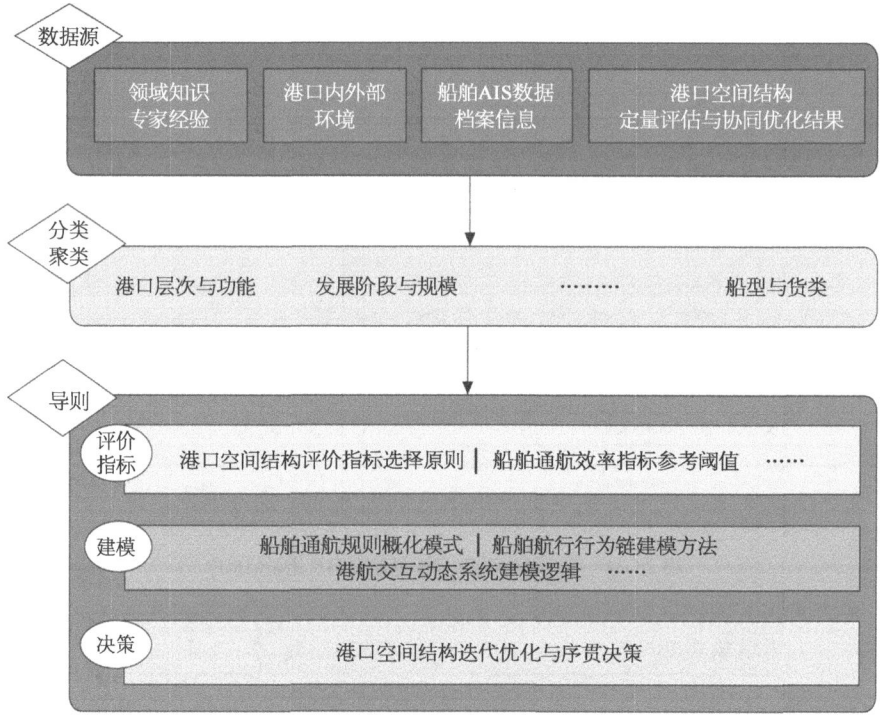

图 2-36　港口空间资源时空协同优化导则

3

已建港区资源优化利用论证案例

本章重点论述基于船舶行为链的港口空间结构迭代优化关键技术应用到已建港区码头改扩建、效率提升优化中的实践成果,为我国已建港区资源优化利用的规划和设计工作提供了重要的指导依据。已建港区周边配套相对成熟,随着航道及周边规划的逐步落地,船舶流量密度将进一步增大,通航条件须进一步改善,研究提升码头能力的可行性和可能性,对于提高港口岸线利用效率、优化港口功能布局、保障区域运输需求具有重要意义。

例如,在南通港通州湾港区吕四作业区已建码头的等级提升论证中,研究成果确定了泊位升级规模,在码头港口岸线使用的批复过程中起到关键作用。相关码头扩建工程使用港口岸线的批复于 2020 年获我国交通运输部批复。在针对洋山港区 LNG 接收站码头扩建项目的论证过程中,综合考虑区域船舶进出港全过程和相关港区建设时序,对洋山进港航道通过能力和服务水平进行了详细论证,相关成果有力支撑了关于相关港口总体规划修订方案获 2022 年获交通运输部、浙江省以及上海市联合批复。

下面以南通港通州湾港区吕四作业区已建码头的等级提升论证为例,简要介绍本项技术方法实践应用的具体情况。

3.1 目标港口及项目背景简介

南通沿海港口面临全面融入长三角一体化的发展机遇,将承接长三角产业转移及转型升级,丰富上海国际航运中心运输体系,提升集装箱运输保障能力,加强区域天然气能源供应安全,提升保障能力。如图 3-1 所示,南通港通州湾港区吕四作业区位于长江口北岸的江苏省南通市境内,横跨通州、海门和启东三市,滨江临海,紧靠上海。地处长江口以北约 60 千米,是上海港口群体中外海深水港口的重要组成部分。根据《南通港总体规划》,规划吕四作业区以通用散杂货、煤炭和液体散货油气品等物资运输为主,主要为临港工业开发服务,兼顾满足地方物资运输需求。规划通州湾港区以集装箱、干散货、液体散货和散杂货运输为主。

为贯彻落实长三角一体化规划纲要中关于建设南通通州湾江苏集装箱运输新出海口建设要求,满足吕四、东灶港临港产业海运需求,统筹港区航道资源,顺应船舶大型化发展趋势,结合港口资源条件,对已建码头进行等级提升,可进一步降低运输成本、提高运输效率,促进港口良性发展。

2018 年,南通港完成货物吞吐量 2.67 亿吨,同比增长 13.1%,其中外贸货物吞吐量完成 6 063.1 万吨,同比增长 2%。从货种情况来看,金属矿石、煤炭、矿建材料依然是南通港的三大主力;矿建材料吞吐量则强势增长,全年完成 6 450 万吨,同比增长 103%;全年 LNG 吞吐量达 739.5 万吨,同比增长 51.7%。

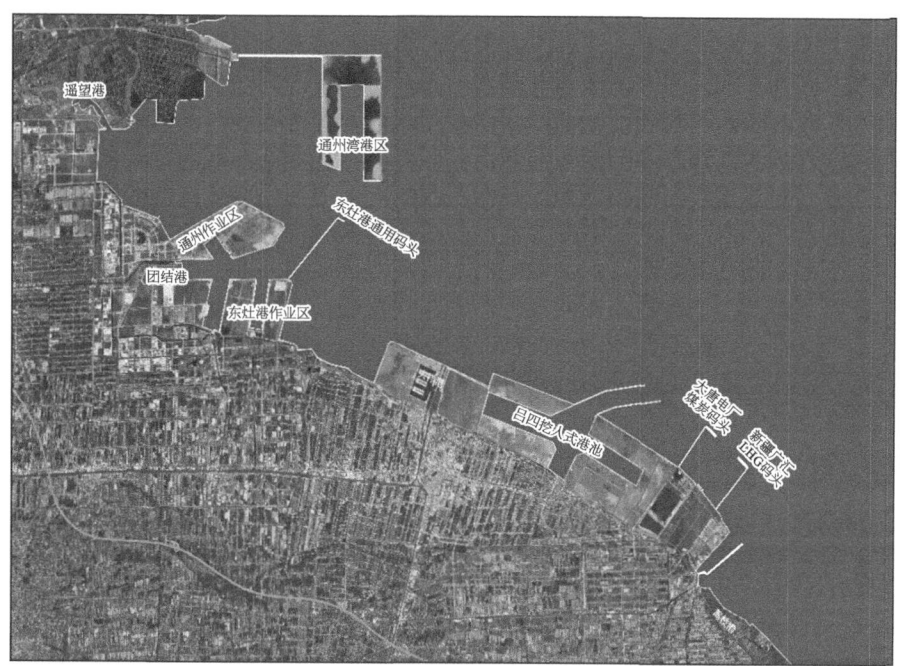

(a) 港区现状示意

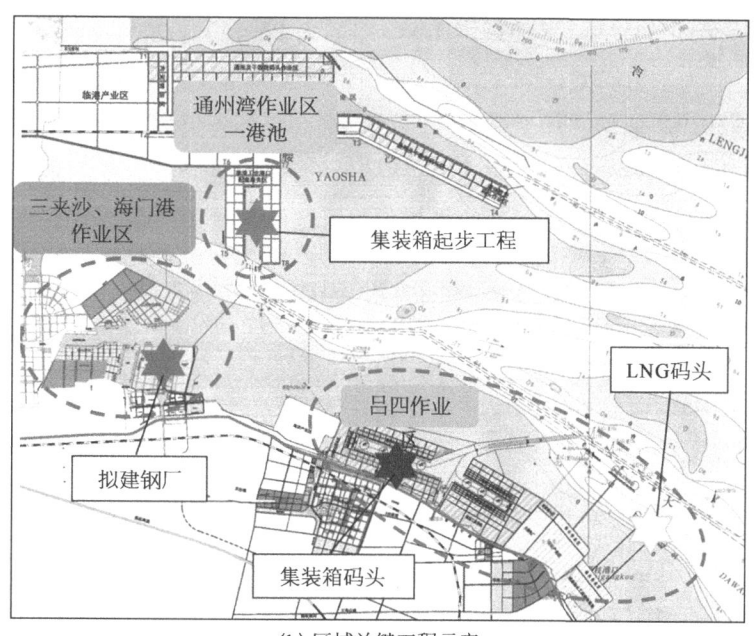

(b) 区域关键工程示意

图 3-1 案例一研究区域示意图

南通港通州湾港区吕四作业区大唐电厂已建成5万吨级煤炭专用泊位2座,年货物通过能力为543万吨,东灶作业区两座2万吨级码头建成投产,货物通过能力500万吨。2018年,吕四港区吞吐量完成785万吨,其中煤炭546万吨,LNG 85.3万吨。

吕四港区广汇能源LNG分销转运站码头泊位按照最大靠泊15.09万立方米的LNG船进行设计,最小兼顾1.91万立方米的LNG船,原码头设计船型主尺度见表3-1。自2017年6月4日,吕四港区广汇能源LNG分销转运站接卸第一艘LNG船开始,至2019年底,吕四港区共接卸到港LNG船舶59艘次,到港船舶总舱容主要集中在14.2万~15.7万立方米,占到港船舶总艘次的68%,承担约83%的货运量。

表3-1 案例一原码头设计船型主尺度表

LNG 船型	总长 L/米	型宽 B/米	型深 H/米	满载吃水 T/米	备 注
1.91万立方米	151	28	16	7.6	原设计船型
4万立方米	204	30	17	9	原设计船型
6.5万立方米	216	30	21.26	8	原设计船型
7.55万立方米	219	35	22.55	8.3	原设计船型
15.09万立方米	291	43.4	26	11.6	原设计船型

随着船舶大型化的发展,目前最大LNG船舶为26.6万立方米,15万~20万立方米LNG船舶已经成为主力船型,广汇能源LNG码头已经不能适应LNG船舶大型化的发展趋势,升级后设计代表船型主尺度见表3-2。为提高江苏省天然气资源保障供给能力,亟须开展本项目的码头升级改造建设,升等后以满足17.5万~18.5万立方米LNG船舶靠泊要求,为江苏省能源结构调整做出新的贡献。

表3-2 案例一原码头升级后设计代表船型主尺度表

LNG 船型	总长 L/米	型宽 B/米	型深 H/米	满载吃水 T/米	备 注
17.5万立方米	290	46.95	26.25	11.5	新增设计船型
18.5万立方米	300	50	28	12.0	新增设计船型

根据目标升等LNG船舶进出港涉及港区的港口资源要素配置情况、水文、气象、通航环境,以及船舶行为模式等内部外部条件,根据《南通港总体规划(2018—2035年)》等确定的未来港口发展规模确定的相关规划港区岸线对应资源开发时期的进出港船舶流量和船型组成,围绕船舶升等前后的系统影响,构建港口空间结构性能分析模型,筛选特殊航行规则要求的影响指标,对比评估在同样通航组织措施下已建LNG码头升等扩能前后的

LNG 船舶进出港对未来港口运营的影响。最后,结合研究定量分析成果,提出对已建区域 LNG 码头升等可行性、港口空间结构优化措施等提供科学依据。

3.2 研究技术路线

案例一已建港区码头升等论证案例技术路线如图 3-2 所示。

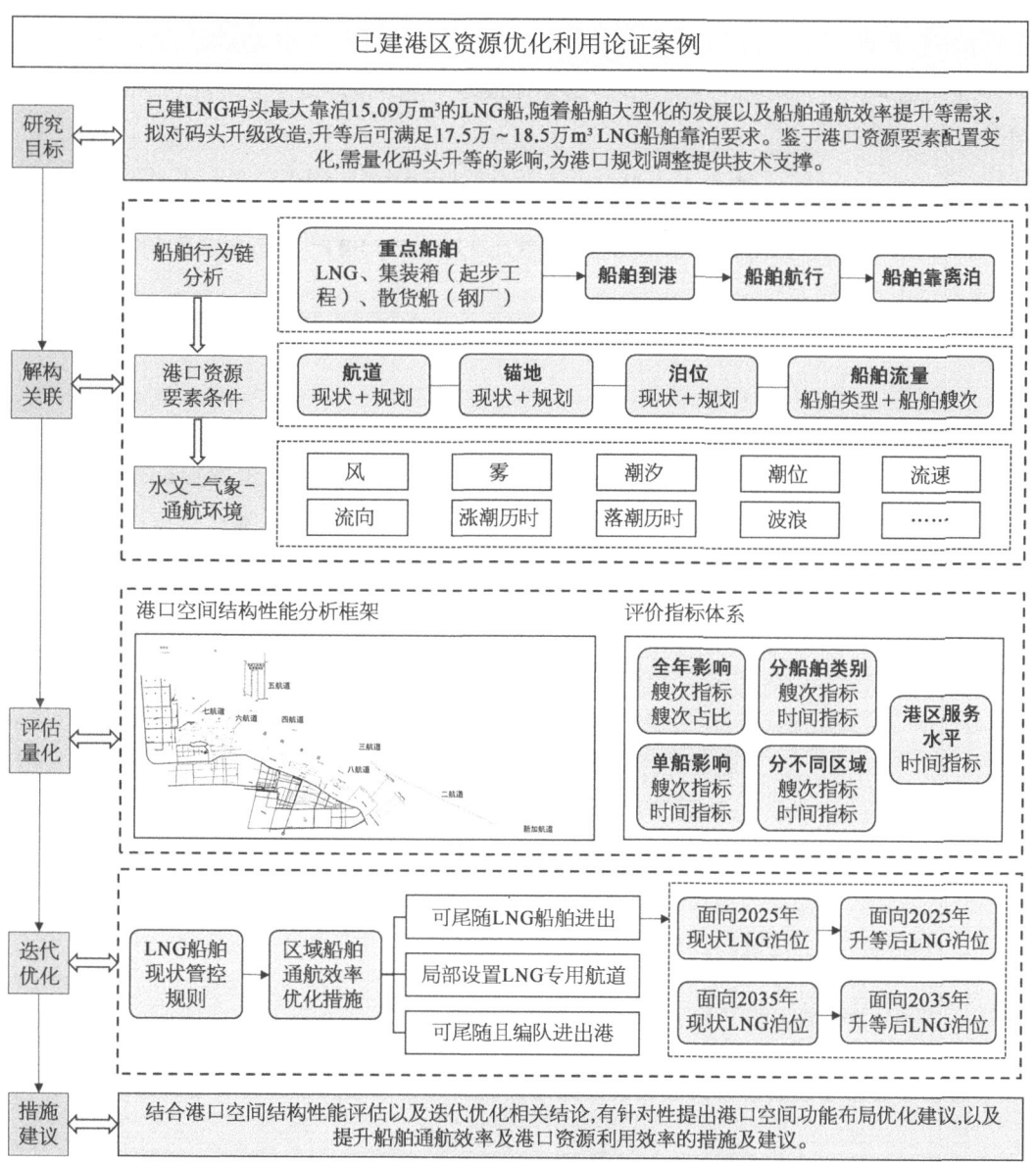

图 3-2 案例一已建港区码头升等论证案例技术路线

3.3 船舶行为链分析

3.3.1 船舶到港

目前,航道内运输船舶数量较少。通州湾作业区一港池无船舶进出;东灶港作业区有2万吨级左右件杂货船舶进出燕达重型装备制造有限公司配套码头,2016年到港2万吨级及以上船舶数量68艘、2017年为75艘;吕四作业区大唐电厂煤炭码头基本在3万吨级左右,2017年到港船舶数量134艘、2018年约为131艘;吕四作业区广汇能源LNG船舶2018年到港23艘。截至2019年5月,已累计接卸41船,接卸量165万吨,到港船舶吨级情况如表3-3所示。

表3-3 案例一截至2019年5月LNG船到港艘次

船舶吨级	10万DWT及以上	8.5万~10万DWT	4万~8.5万DWT	4万DWT及以下	合计
艘次	1	6	27	7	41

3.3.2 船舶航行

主航道内船舶航速均值取8节(1节≈1.85千米/小时),支航道内船舶平均航速取6节,非LNG船舶进出港前后安全间距取1.5海里(1海里≈1.85千米)。

案例一船舶进出港航线如图3-3所示,吕四作业区的船舶进出港主要沿A-B-C、A-B-C-D、A-B-C-D-E-F航道行驶。三夹沙、海门港作业区的船舶进出港主要

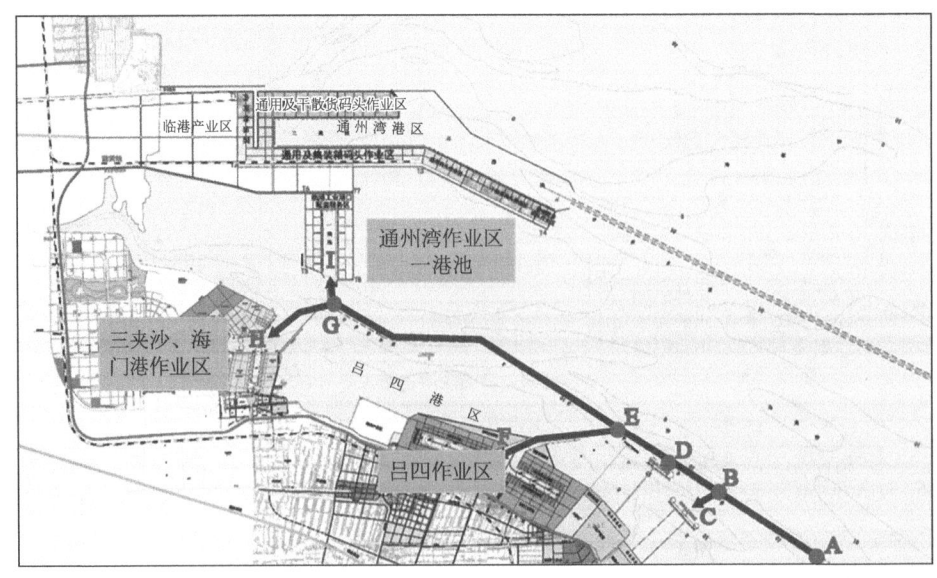

图3-3 案例一船舶进出港航线示意图

沿 A-B-D-E-G-H 航道行驶。通州湾作业区一港池船舶进出港主要沿 A-B-D-E-G-I 航道行驶。

3.3.3 船舶靠离泊

根据相关规范及已建码头运营经验，LNG 船舶在海港进出港航道内航行时应设置移动安全区并实行交通管制，并且吕四作业区 LNG 码头与吕四作业区、三夹沙作业区、海门港作业区、通州湾一港池船舶共用小庙洪水道进出港，通航航道较长，涉及泊位众多。参考《南通港吕四港区广汇能源启东液化天然气分销转运站码头扩建工程可行性研究报告》，LNG 船舶回旋水域布置于码头前方、位于航道边缘，不占用主航道，沿水流方向调头圆直径取 3 倍 18.5 万立方米 LNG 船船长（为 900 米），垂直水流方向调头圆直径取 2 倍 18.5 万立方米 LNG 船船长（为 600 米）。LNG 船舶靠离泊期间与主航道保持一定距离，满足一定安全防护要求下，基本不会影响主航道船舶的行驶，如图 3-4 所示。由此可见，LNG 码头运营过程中，仅 LNG 船舶在航道内航行时会对其他船舶产生一定影响，船舶调头期间和作业期间不会产生不利影响。因此，案例一重点分析 LNG 船舶进出港航行期间的影响。

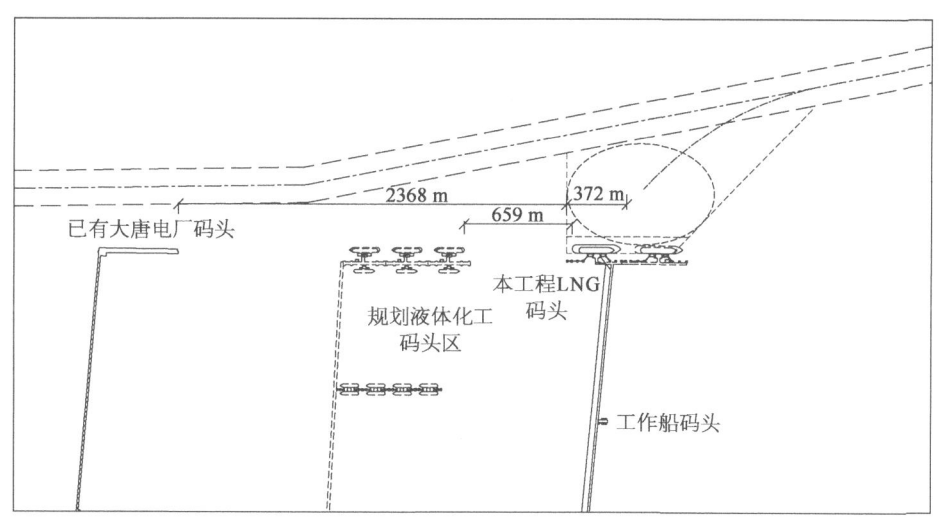

图 3-4 案例一升等后 LNG 码头前沿回旋水域示意图

根据南通海洋环境监测站的数据，吕四海域 10 米海拔风速大于 15 米/秒的天数：2017 年 8 天，2018 年 13 天，平均 10.5 天。有效波高大于 1.2 米的天数：2017 年 58 天，2018 年 50 天，平均 54 天。雨量中雨及以上天数：2017 年 21 天，2018 年 22 天，平均 21.5 天。能见度小于 1 千米的天数：2017 年 11 天，2018 年 39 天，平均 25 天。扣除重合影响天数后极端天气为 95 天/年。根据《液化天然气码头设计规范》（JTS 165-5-2016），LNG 船舶靠离泊及卸货过程均需满足一定的气象条件，LNG 船靠泊至装卸完成后离泊大约需要2天时间,因此极端天气到达2天前LNG船已不能靠泊,进一步影响了码头作业时间。同时,本项目港池每年均需开展维护性疏浚工程,这对接船也会产生一定的影响。根据港区自然条件并结合码头实际运营情况,单个泊位最大接卸LNG船舶的数量约为6艘/月。目前实际运营中,LNG船舶靠离泊选取高平潮出落水和涨末水、低平潮落末水和初涨水(限中、小型LNG船舶)。

通过对船舶行为和港口资源条件的初判,小庙洪水道这一长航道对于整个区域船舶效率的发挥产生制约作用,需要重点论证和评估。

1) 普通船靠离泊时间

(1) 需要乘潮船舶。

开敞式泊位船舶靠泊时间:高潮时(考虑乘潮历时);离泊时间:避开高潮后4～6小时的急涨急落。

港池内船舶靠泊时间:高潮时(考虑乘潮历时);离泊时间无特殊要求(大型散货船、危险品船不夜航)。

(2) 不需要乘潮船舶。

开敞式泊位船舶靠泊时间:高潮时或低潮;离泊时间:避开高潮后4～6小时的急涨急落。

港池内船舶靠泊时间:无特殊要求(大型货船、危险品船不夜航)。

2) LNG船靠离泊时间

靠离泊:高平潮初落水和涨末水,低平潮落末水和初涨水(限中小型LNG船)。

3.4 港口资源要素条件

3.4.1 航道

1) 航道现状

(1) 吕四10万吨级进港航道(小庙洪航道)现状

吕四10万吨级进港航道起于大湾洪水道-18 m等深线,止于吕四挖入式港池支航道与主航道交点D处。吕四进港航道建设规模为满足10万吨级散货船乘潮单向通航要求,航道主尺度见表3-4。

表3-4 案例一吕四10万吨级进港航道尺度一览表

通航宽度/米	设计底宽/米	设计水深/米	航道底标高/米	边坡	长度/千米
210	200	16.9	−13.1	1:10	53.4

南通港吕四作业区10万吨级进港航道分两个阶段实施，一阶段工程满足5万吨级散货船乘潮单向通航要求，兼顾10万吨级散货船减载乘潮单向通航要求，于2015年12月通过交工验收；二阶段工程满足10万吨级散货船乘潮单向通航要求，于2019年3月通过交工验收。

（2）吕四进港航道上延一期工程现状

吕四进港航道上沿一期工程从大唐电厂至东灶港闸段目前为自然水深航道，于2013年投入运营。航道全长约20千米，通航宽度300米，设计底标高－8.0米，满足2万吨级杂货船乘潮双向通航要求。

（3）三夹沙南支航道

三夹沙南支航道满足2万吨级船舶乘潮单向通航要求，航道全长9.24千米，直线段航道挖槽底宽117米，通航宽度125米，设计底标高－8米。2015年1月底航道疏浚工程开工建设，2016年1月通过工程交工验收。

案例一水域主要航线示意如图3-5所示。

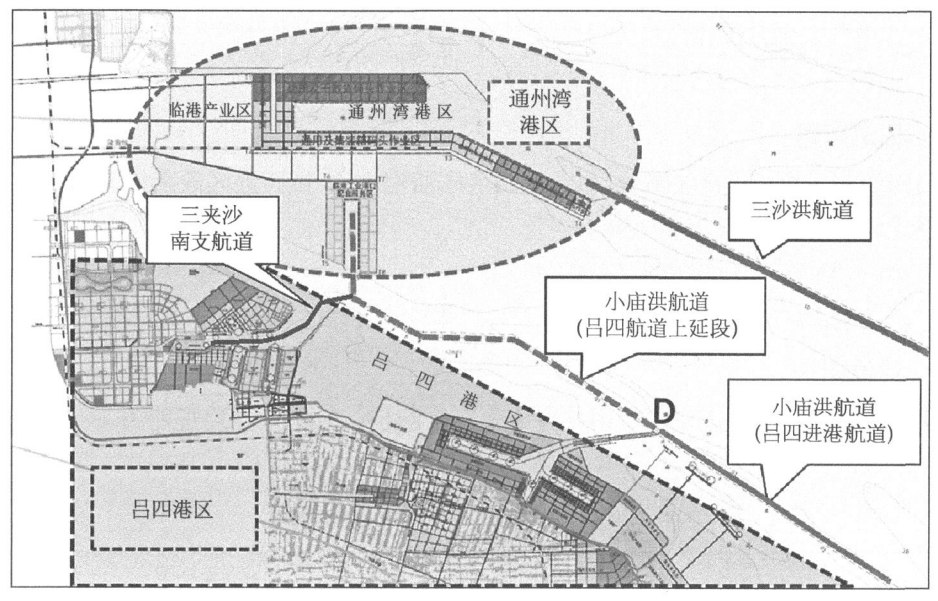

图3-5 案例一水域主要航线示意图

2）航道规划

吕四作业区、三夹沙作业区及海门港作业区、通州湾作业区南部码头区所依托的外航道均为小庙洪水道，航道由外海小庙洪水道口外的－18米等深线，至海门港作业区，总长约77千米。其中，外海至大唐电厂煤炭码头段规划为10万吨级进港航道，设计底标高－13.1米，航道有效宽度210米，满足10万吨级散货船单向乘潮通航。大唐电厂煤炭码头至海门港作业区段进港航道规划为5万吨级进港航道，设计航道底标高－10.5米，底宽

300米,满足5万吨级散货船乘潮通航。

3.4.2 锚地

1) 锚地现状

吕四作业区现有3处锚地,锚地均位于锚地位于吕四作业区进港航道外段中部西南侧。其中,1号锚地为3.5万吨级散货船锚地,2号锚地为危险品锚地,3号锚地为10万吨级散货船锚地。锚地情况见表3-5。

表3-5 案例一锚地现状一览表

名　　称	水深/米	面积/平方千米
1号锚地	13.6～15.7	6.21
2号锚地(危险品锚地)	15.2～16.3	2.82
3号锚地	18.2～19.6	4.2

2) 锚地规划

吕四作业区共布设3块锚地,包括吕四港区油轮锚地、吕四港区散杂货船锚地、5万吨级散杂货船锚地。

3.4.3 泊位

1) 泊位现状

截至2018年底,本案例范围内共建成生产性泊位12个,设计通过能力1491.9万吨,详见表3-6。

表3-6 案例一截至2018年码头设施汇总表

所在作业区	码头名称	泊位个数	泊位吨级/万吨	设计年通过能力/万吨	备　注
吕四作业区	广汇能源LNG分销转运站码头	1	10	180	
	大唐电厂卸煤码头	2	3.5	600	兼顾5万吨级
东灶港作业区	东灶港2万吨级通用码头	2	2	260	兼顾5万吨级
	海润达码头	2	2	170	建成投产1个
	燕达重工码头	1	1	60	兼顾2万吨级
		1	2		兼顾5万吨级
	通光光缆码头	1	0.5	6.9	兼顾2万吨级

续表

所在作业区	码头名称	泊位个数	泊位吨级/万吨	设计年通过能力/万吨	备注
通州作业区	通州作业区一期码头	1	2	215	兼顾5万吨级,建成未投产
		1	2		
合计		12		1 491.9	

2) 泊位规划

南通港沿海港区整合为通州湾港区,该港区是南通港未来发展的重点,近期以服务临港产业为主,兼顾为腹地提供中转运输服务;未来逐步发展成为临港工业和中转运输服务并重的大型现代化综合性港区。通州湾港区包括洋口作业区、通州湾作业区、三夹沙作业区、海门作业区和吕四作业区。

(1) 吕四作业区

吕四作业区位于小庙洪水道南侧,大洋港以东岸段,依托小庙洪水道为进出港航道。吕四作业区以通用散杂货、煤炭和液体散货、油气品等物资运输为主,主要为临港工业开发服务,兼顾满足地方物资运输需求。

吕四作业区分为两部分,由大洋港至大唐电厂岸段利用浅滩资源,以填筑、开挖相结合的方式形成双堤环抱式港池,以建设通用散杂货泊位为主,港池内码头等级以10万吨级以下泊位为主,共可形成码头岸线约17.5千米,建设各类5万~10万吨级通用散杂货泊位约60个;大唐电厂以东岸段采用浅滩围填结合长栈桥的码头布置形式,以建设干散货和液体散货泊位为主。

(2) 三夹沙作业区、海门港作业区

三夹沙作业区和海门港作业区均位于小庙洪水道尾端,两作业区共同利用小庙洪水道作为进港航道。三夹沙作业区位于海门港作业区北侧,两作业区互为掩护,共同形成外围填筑、内挖港池的整体格局。

三夹沙作业区和海门港作业区采用港池与顺岸相结合的布置形态,规划临港产业配套码头区和通用码头区,并布置有港口支持系统,三夹沙作业区规划港口岸线5.3千米,海门港作业区规划港口岸线13.7千米。作业区均主要服务后方临港产业发展,作业区内以建设5万吨级及以下泊位为主。

(3) 通州湾作业区一港池

通州湾作业区在腰沙根部开挖形成南北向的一港池,一港池进港航道主要利用小庙洪水道,港池纵深约4千米,宽1千米,港池外侧陆域宽1千米。根据进出港航道资源条件特点,一港池主要建设5万吨级以下泊位。

3.4.4 船舶流量

1) LNG 船舶

由于吕四进港航道和小庙洪航道有效宽度较小,且 3 万～5 万吨级及以上船舶需要乘潮进出港,航道通过能力相对较小。首先根据船舶流量预测结果,对规划航道通过能力进行核算,复核 LNG 船舶到港艘次达到多少时,航道通过能力基本达到饱和,再评估到港 LNG 船舶在此规模下对该区域船舶进出港的影响。

根据 2035 年船舶流量预测结果,对规划航道通过能力进行核算,见表 3-7。在 2035 年港区发展规模下,LNG 船舶到港 25 艘/年,即 LNG 接收站规模基本维持现状(2018 年 LNG 船舶到港 23 艘),航道通过能力已基本达到饱和;在资源全开发情况下,即使 LNG 到港规模维持现状,航道通过能力已经不足。

表 3-7 案例一航道通过能力饱和时 LNG 到港艘次测算

港口发展规模	其他船舶到港数量/艘	LNG 船舶到港数量/艘	航道能力
2035 年	6 000	25	基本饱和
资源全开发	9 600	25	通过能力不足

现阶段到港 LNG 船舶以 15 万～16 万立方米为主,年 LNG 船舶接卸量达 300 万吨,到港 LNG 船舶 80 艘次。按照当前 LNG 船舶大型化发展趋势,LNG 码头升等后,到港接卸的 LNG 船舶将以 17 万～18 万立方米等大型 LNG 船舶为主,年 LNG 船舶接卸量也为 300 万吨,到港 LNG 船舶 58 艘次。

2) 其他船舶

南通沿海的集装箱运输处于起步阶段,确定放在吕四港池。目前,中天钢铁的建设规模、地点、进度都已得到江苏省批准。预测 2025 年相关区域货物吞吐量 8 300 万吨,其中集装箱吞吐量 200 万 TEU。预测 2025 年相关作业区除 LNG 船舶的到港船舶总量约 6 500 艘。货类包括集装箱、油船、化工品船以及散杂货船。

表 3-8 案例一 2025 年相关作业区船舶到港艘次预测表

类 型	吨 级	通州湾作业区一港池	三夹沙、海门作业区	吕四作业区
集装箱船	1 000	0	0	200
集装箱船	3 000	0	0	100
集装箱船	5 000	0	0	200
集装箱船	10 000	0	0	150

续 表

类　型	吨　级	通州湾作业区一港池	三夹沙、海门作业区	吕四作业区
集装箱船	20 000	0	0	150
集装箱船	30 000	0	0	200
集装箱船	50 000	0	0	200
集装箱船	70 000	0	0	100
油船	1 000	0	0	20
油船	2 000	0	0	20
油船	3 000	0	0	10
油船	5 000	0	0	60
油船	10 000	0	0	50
油船	20 000	0	0	100
油船	30 000	0	0	90
油船	50 000	0	0	50
油船	80 000	0	0	30
油船	100 000	0	0	20
化工品船	1 000	0	0	40
化工品船	2 000	0	0	40
化工品船	3 000	0	0	70
化工品船	5 000	0	0	60
化工品船	10 000	0	0	70
化工品船	20 000	0	0	80
化工品船	30 000	0	0	90
化工品船	50 000	0	0	80
化工品船	80 000	0	0	20
散货船	2 000	30	80	50
散货船	3 000	40	100	60
散货船	5 000	60	200	100
散货船	10 000	100	300	120
散货船	15 000	50	150	60

续 表

类 型	吨 级	通州湾作业区一港池	三夹沙、海门作业区	吕四作业区
散货船	20 000	80	300	100
散货船	35 000	50	150	80
散货船	50 000	120	200	100
散货船	70 000	20	120	60
散货船	100 000	0	0	50
杂货船	2 000	20	30	40
杂货船	3 000	30	40	50
杂货船	5 000	50	70	70
杂货船	10 000	50	80	100
杂货船	15 000	20	30	40
杂货船	20 000	60	90	100
杂货船	30 000	50	80	80
杂货船	40 000	20	30	40

2025年以后，相关区域货物吞吐量将继续快速增长，一是中天钢铁产能将再增长一倍，相应进口矿石、煤炭、非金属矿石以及出口钢材等货类将继续快速增长；二是吕四港池的集装箱吞吐量将继续稳定增长，预计2035年吞吐量将达到400万TEU；三是装备制造业等临港工业的发展将带动矿建、水泥、其他货类等继续稳定增长。预计2035年总吞吐量将达到14 000万吨。预测2035年相关作业区除LNG船舶的到港船舶总量约9 100艘。货类包括集装箱、油船、化工品船以及散杂货船。

表3-9 案例一2035年相关作业区船舶到港艘次预测表

类 型	吨 级	通州湾作业区一港池	三夹沙、海门作业区	吕四作业区
集装箱船	1 000	0	0	300
集装箱船	3 000	0	0	200
集装箱船	5 000	0	0	300
集装箱船	10 000	0	0	250
集装箱船	20 000	0	0	250
集装箱船	30 000	0	0	300

续 表

类 型	吨 级	通州湾作业区一港池	三夹沙、海门作业区	吕四作业区
集装箱船	50 000	0	0	400
集装箱船	70 000	0	0	200
油船	1 000	0	0	20
油船	2 000	0	0	20
油船	3 000	0	0	20
油船	5 000	0	0	60
油船	10 000	0	0	60
油船	20 000	0	0	120
油船	30 000	0	0	100
油船	50 000	0	0	60
油船	80 000	0	0	40
油船	100 000	0	0	30
化工品船	1 000	0	0	40
化工品船	2 000	0	0	40
化工品船	3 000	0	0	70
化工品船	5 000	0	0	80
化工品船	10 000	0	0	90
化工品船	20 000	0	0	80
化工品船	30 000	0	0	90
化工品船	50 000	0	0	80
化工品船	80 000	0	0	30
散货船	2 000	30	120	70
散货船	3 000	50	150	90
散货船	5 000	70	330	150
散货船	10 000	120	400	150
散货船	15 000	50	200	100
散货船	20 000	90	400	150
散货船	35 000	60	200	100

续表

类型	吨级	通州湾作业区一港池	三夹沙、海门作业区	吕四作业区
散货船	50 000	150	300	150
散货船	70 000	30	200	100
散货船	100 000	0	0	60
杂货船	2 000	20	40	40
杂货船	3 000	40	50	50
杂货船	5 000	60	80	80
杂货船	10 000	80	100	120
杂货船	15 000	30	50	50
杂货船	20 000	70	150	150
杂货船	30 000	70	120	100
杂货船	40 000	30	60	60

3.5 水文-气象-通航环境

主要气象水文条件如下：

1) 风况

常风向为 N 向,频率 12.24%;次常风向为 ESE 向,频率 10.25%;强风向 NE 向,该向≥7 级风的频率为 0.15%;全方位≥7 级风的频率为 0.59%,全方位≥8 级风的频率为 0.02%,最大风速为 25.1 米/秒,风向为 N,详见风玫瑰图。

春季:常风向为 SSE 向,频率 14.64%;次常风向为 ESE 向,频率 12.11%;强风向 N 向,该向≥7 级风的频率为 0.19%;

夏季:常风向为 ESE 向,频率 17.82%;次常风向为 SSE 向,频率 14.62%;强风向 SE 向,该向≥7 级风的频率为 0.14%;

秋季:常风向为 N 向,频率 14.64%;次常风向为 NE 向,频率 12.59%;强风向 NE 向,该向≥7 级风的频率为 0.4%;

冬季:常风向为 N 向,频率 20.38%;次常风向为 NW 向,频率 12.46%;强风向 NW 向,该向≥7 级风的频率为 0.14%。

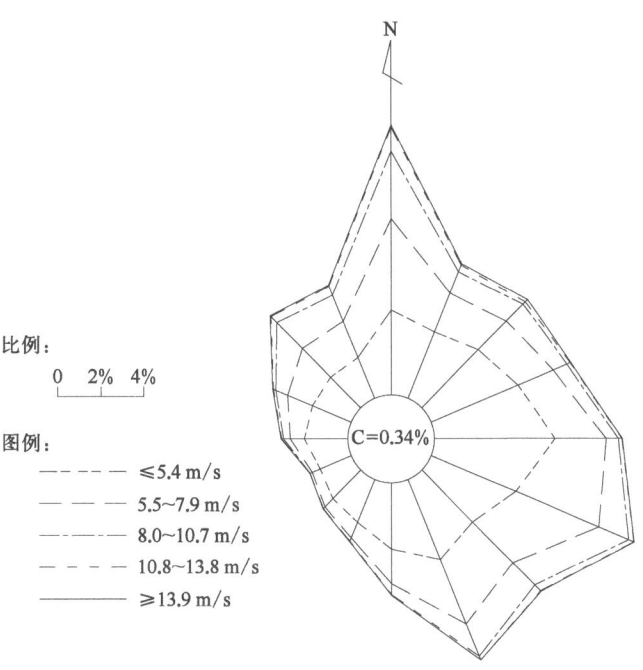

图 3-6 案例一海洋站风玫瑰图(2006—2008 年)

2) 台风

据 1949—2005 年的台风资料统计,影响本地区的台风共有 124 个,平均每年 2.2 个,最多的 1989 年达 7 个,多发生在 5—11 月份。

台风影响时的风向多为 NE~SE 向,最大风速可达 29 米/秒。以 8114 号台风(1981 年 9 月 1 日)危害最严重,曾对渔业、农业和海岸工程造成较大的破坏。

2000—2009 年的台风对浙江、上海、江苏沿海带来不同程度影响,其中"桑美"是 2000 年最强的热带气旋,受台风外围和冷空气的共同作用下,形成风雨潮并袭,江苏省沿海地区潮位猛涨,部分江海堤防一线水利工程遭不同程度破坏,直接经济损失达 1.13 亿元。

3) 雾

一年之中春季雾最多,冬季次之,以平流雾为主,平均雾日 29.1 天。80%的雾出现在凌晨 3—7 时。雾最长持续时间为 27 小时 41 分钟。

4) 潮汐及潮位

根据吕四海洋气象站 1969—2001 年的潮位资料统计,吕四港的潮位特征值见表 3-10。

表 3-10 案例一特征潮位统计表

特征潮位	理论最低潮面	吴淞(长办)基面	85 国家高程
历年最高潮位/米	7.68	6.41	4.48
历年最低潮位/米	−0.37	−1.64	−3.57
历年平均高潮位/米	5.14	3.87	1.94
历年平均潮位/米	3.275	2.005	0.075
历年平均低潮位/米	1.41	0.14	−1.79
最大潮差/米	7.31		
最小潮差/米	0.32		
平均潮差/米	3.53		

5) 流速、流向

吕四近海潮流主要受东海前进波的控制,为正规半日潮。潮流在潮汐汊道内呈往复运动,大致与深槽的走向一致;离岸较远的东部,潮流旋转性较强,旋转方向为顺时针方向。

往复流性质比较明显,各测线的涨、落潮流流路受出港航道及水下地形的影响,基本上涨潮时流向西北,落潮时流向东南。

位于小庙洪南北水道交汇处,流速相对 SW1 站略小,其大潮涨、落潮平均流速分别为 0.64~0.71 米/秒和 0.51~0.56 米/秒;中潮涨、落潮平均流速分别为 0.53~0.63 米/秒和 0.43~0.59 米/秒;小潮涨、落潮平均流速分别为 0.31~0.34 米/秒和 0.26~0.39 米/秒。

6) 涨、落潮历时

根据 2003 年 4 月实测水文测验资料,除潮滩上 05♯ 和 06♯ 站外,小庙洪水域涨潮历时长于落潮历时,大潮涨潮平均历时 6.2~6.9 小时,落潮历时 5.3~6.2 小时;小潮涨潮平均历时 6.7~8.3 小时,落潮历时 5.5~6.9 小时。

2011 年 3 月两测站涨落潮历时比较接近,涨潮历时长于落潮历时。大、中、小潮间涨落潮历时相差不大,涨潮平均历时 6.2~7.1 小时,落潮历时 5.4~6.2 小时。

7) 波浪

吕四海洋观测站位于 32°08′N,120°37′E,在拟建港区 NW 向约 5 千米,测波点水深为 12.4 米,为人工观测。1990 年以后停止观测,2008 年 8 月 31 日改为浮标观测。根据 1987、1989 和 1990 年实测资料统计,常浪向为 ENE 向,出现频率 8.49%;次常浪向为 N 向,出现频率均为 6.10%;强浪向为 NNW 向,各方向 $H_{1/10} \geqslant 1.5$ 米的频率为 2.36%,各方向 H1/10≥2.0 米的频率为 0.62%。各方向波周期≥5 秒的频率为 0.11%。波玫瑰图如图 3-7 所示。

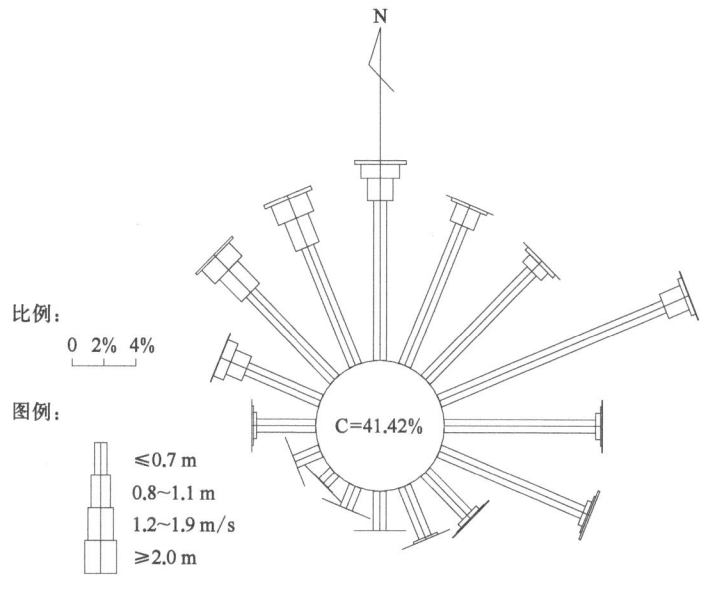

图 3-7 案例一波玫瑰图(1987 年、1989 年、1990 年)

3.6 港口空间结构性能演算系统

围绕相关区域水陆域基本条件、港口资源配置情况,以及船舶行为链构建南通港沿海港区吕四作业区相关港口空间结构性能演算系统。主要参数配置如下:

3.6.1 限航时机

由于现状泊位较少,根据大唐电厂码头 2016、2017 和 2018 年因恶劣天气导致的限航次数和时间统计资料,本港封航时间和次数年内各月均有分布,具有一定的随机性。参照 2016—2018 年统计资料,本案例中确定每年限航次数 42 次(表 3-11),封航时长约 1 000 小时(表 3-12)。

表 3-11 案例一限航次数统计

单位:次

月 份	合计	1	2	3	4	5	6	7	8	9	10	11	12
2016 年	41	8	3	3	6	2	1	1	3	6	0	5	3
2017 年	33	1	5	2	2	4	2	1	2	5	5	3	1
2018 年	51	0	0	14	4	7	0	10	11	0	0	2	3

表 3-12 案例一限航时间统计　　　　　　　　　　　　　　　单位：小时

月份	合计	1	2	3	4	5	6	7	8	9	10	11	12
2016 年	984	192	72	72	144	48	24	24	72	144	0	120	72
2017 年	792	24	120	48	48	96	48	24	48	120	120	72	24
2018 年	1 224	0	0	336	96	168	0	240	264	0	0	48	72

3.6.2 船舶航路航线

与船舶行为链分析的船舶航行实际情况保持一致，船舶进出港航线简化示意图如图 3-3 所示，吕四作业区、三夹沙、海门港作业区以及通州湾作业区一港池船舶进出港主要沿既定路线行驶。

根据相关规划及航道可行性研究报告，模型中设定外海至吕四大唐电厂煤炭码头段满足 10 万吨级散货船单向乘潮通航，吕四港区 10 万吨级进港航道终点至通州湾一港池底航道可满足 5 万吨级散货船乘潮单向通航，以及 2 万吨级散、杂货船全潮双向通航要求。

3.6.3 船舶行为过程概化

结合自然条件、船舶到港规律、相关法律法规以及通航管理规则等的客观要求，对真实船舶活动过程进行合理概化：

（1）船舶进出港优先级按以下考虑：需要乘潮进出的船舶、LNG 船舶具有较高优先级，其他类型船舶进出港航行根据"先到先服务"的排队原理。

（2）仿真模型中仅考虑进出港区的生产性船舶，不考虑渔船、采砂船、客船等小型船舶的航行，此类船舶在航行过程应采取主动避让航道内航行的船舶，通常在生产性船舶之间穿梭航行。

（3）所有进入模拟的船舶均按特定的通航规则运行，不考虑紧急情况、发生事故等特殊情况。在遵循现有相关标准规范、通航规则、定线制等的前提下，算法模拟各类生产性船舶在航道、锚地、泊位流动和交互过程。正常情况下，各类船舶的航行安全均应得到保障，而其他紧急情况或海难事故，往往是由人为因素、极端天气、突发情况等诱发。

（4）不考虑船舶在航道中追越其他船。船舶在航道中发生追越行为，主要是在某些特殊情况或受驾驶员操船习惯等个人主观因素的影响，模型中不考虑船舶在航道中发生追越。

（5）靠泊作业时间（包括生产作业时间和非生产作业时间）按各自不同船舶类型和不同船舶吨级分别考虑。

3.6.4 演算系统可视化界面

南通港通州湾港区可视化性能分析框架界面如图3-8所示。

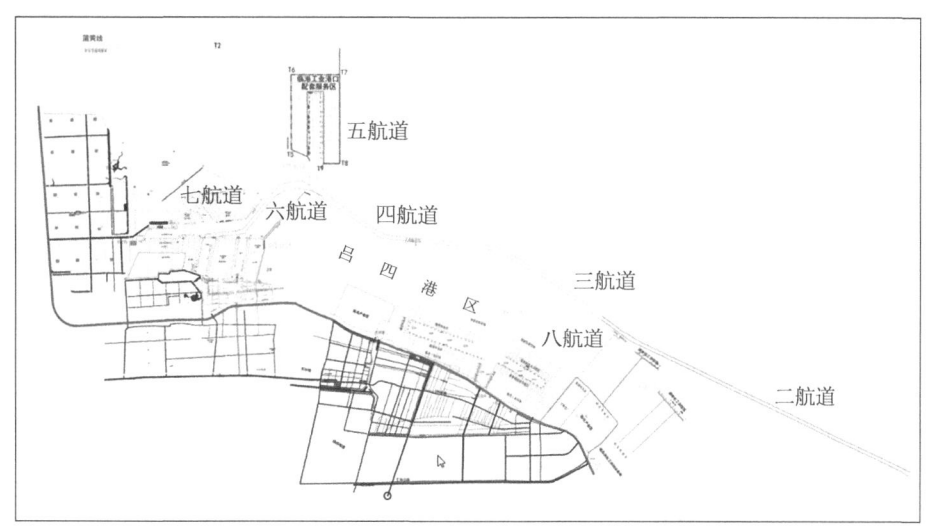

图3-8 案例一南通港通州湾港区可视化性能分析框架界面

3.7 评价指标体系

面向特殊船舶LNG的影响以及港区总体服务状态,筛选适宜的指标组成指标体系进行定量评估,将评价指标分为全年影响、LNG单船影响、对不同货类船舶的影响、对不同作业区的影响和港区服务水平5类。针对不同的港址,评价全部指标或有针对性地评价部分指标。

1) 全年影响评估

全年延误影响艘次指标:受LNG船舶通航管制影响,全部泊位全年受到延误的船舶进出港总艘次。

全年延误影响艘次占比:受LNG船舶通航管制影响,全部泊位全年受到延误的船舶进出港总艘次占全年进出港船舶艘次的比例。

2) LNG单船影响程度

单船影响艘次指标:受LNG船舶通航管制影响,平均一条LNG船舶通航导致的船舶延误艘次。

单船影响时间指标:受LNG船舶通航管制影响,每条受延误船舶的平均延误时间。

3）不同货类船舶受延误影响程度

不同货类船舶的延误影响艘次指标：受 LNG 船舶通航管制影响，不同货类船舶进出港延误艘次。

不同货类船舶的延误影响时间指标：受 LNG 船舶通航管制影响，不同货类船舶的平均延误时间。

4）不同作业区船舶受延误影响程度

不同作业区船舶的延误艘次指标：受 LNG 船舶通航管制影响，不同作业区船舶进出港延误艘次。

不同作业区船舶的延误影响时间指标：受 LNG 船舶通航管制影响，不同作业区船舶的平均延误时间。

5）港区服务水平

船舶服务水平影响指标：评估船舶等待泊位时间的可接受性。

3.8 资源优化利用前后港口时空性能对比

3.8.1 不同 LNG 船舶管控规则对比

区域泊位数量较多且小庙洪水道较长，3 万~5 万吨级及以上船舶需要乘潮进出港，航道通过能力相对较小，鉴于航道条件限制，需控制到港 LNG 运输船舶艘次。不同优化措施条件下全年延误船舶艘次优化效果比较结果见表 3-13。研究发现：

（1）如果未来 LNG 船舶进出港实行双向封航交通管制，2035 年港口发展规模下维持目前 LNG 接收站规模时航道通过能力基本饱和。

（2）提出的船舶可尾随 LNG 船舶进出港和局部航段设置 LNG 专用航道这两种优化措施，对提高航道通过能力均有一定效果。

表 3-13 案例一不同优化措施条件下全年延误船舶艘次优化效果比较

单因素比较	到港 LNG 船舶数量	优化效果比较			
优化措施		平均延误艘次		平均延误艘次减少比例	
		2035 年	港区资源全开发	2035 年	港区资源全开发
船舶可尾随 LNG 船舶进出港	90	482 艘	658 艘	3.9%	3.4%
船舶可尾随 LNG 船舶进出港＋港区船舶调度优化编组进出港	90	—	626 艘	—	3.4%
局部航段设置 LNG 专用航道	90	691 艘	828 艘	5.7%	4.3%

续 表

优化措施	到港LNG船舶数量	单船平均延误艘次		单船平均延误时间	
		2035年	港区资源全开发	2035年	港区资源全开发
船舶可尾随LNG船舶进出港	90	5.4艘	7.4艘	11.4小时	12.2小时
船舶可尾随LNG船舶进出港＋港区船舶调度优化编组进出港	90	—	7.4艘	—	10.8小时
局部航段设置LNG专用航道	90	6.2艘	7.1艘	11.2小时	15.6小时

（3）在可尾随LNG船舶进出港基础上，采取编组进出港方式，对缩短LNG船舶对其他船舶的延误时间、提高港口服务水平效果比较明显，港口服务水平总体可接受。

（4）如果不采取LNG船舶与其他船舶尾随进出港、编组进出港等管理调度措施，局部开辟LNG专用航道虽然能够有效提高港口航道通过能力，但对减小LNG船舶通航影响效果不理想。

3.8.2 码头资源优化对比

结合LNG码头升等前后船舶运输结构，考虑2025年及2035年的港口资源开发情况，采用优化较好的LNG船舶进出港单向通航、其他船舶在移动安全区外可在LNG船舶后尾随航行的管控模式，共设计4组工况，详见表3-14，重点围绕区域集装箱运输规模、LNG升等前后的变化进行设定。

表3-14 案例一码头资源优化对比工况设置

工 况	2025-升等前	2025-升等后	2035-升等前	2035-升等后
最大LNG船舶可靠泊等级	15万~16万立方米	17万~18万立方米	15万~16万立方米	17万~18万立方米
到港LNG船舶艘次	80艘	58艘	80艘	58艘
LNG年接卸量	300万吨/年			
港口资源开发情境	2025年 相关区域货物吞吐量8 300万吨		2035年 相关区域货物吞吐量14 000万吨	
其他船舶到港艘次	6 500艘		9 100艘	
集装箱吞吐量	200万TEU		400万TEU	
通航组织措施	LNG船舶进出港单向通航，其他船舶在移动安全区外可在LNG船舶后尾随航行			

LNG码头升等后全年整体受影响船舶艘次减少明显，如图3-9所示。对比LNG码头升等前，LNG码头升等后的全年受LNG船舶进出港管制而延误的平均船舶艘次减少了90~92艘，减幅达19.3%~22.4%，占全年进出港船舶艘次比例降低了0.5%~0.7%。

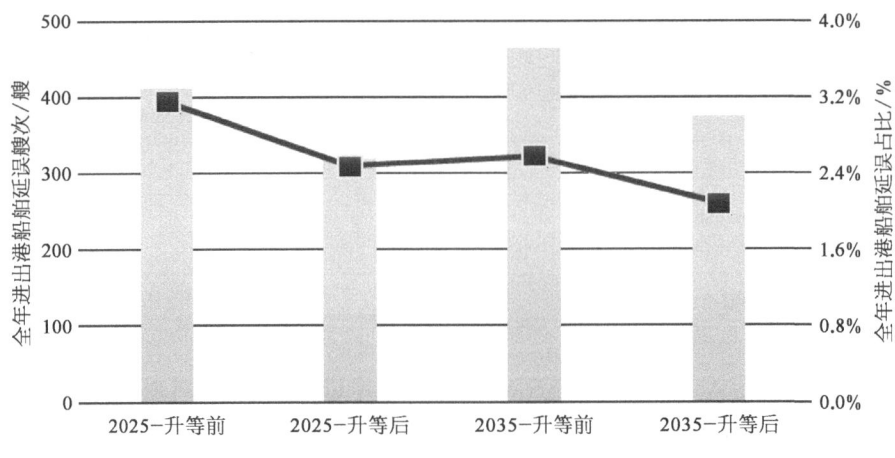

图 3-9　案例一全年影响评估（柱形图为艘次）

分货类船舶延误艘次结果如图 3-10 所示，延误时间结果如图 3-11 所示，通过提升 LNG 码头等级，可有效降低全年船舶延误的比例，单船进出对其他船舶艘次数无明显变化，但其他船舶受影响的平均时间略有下降。对比 LNG 码头升等前，LNG 码头升等后的

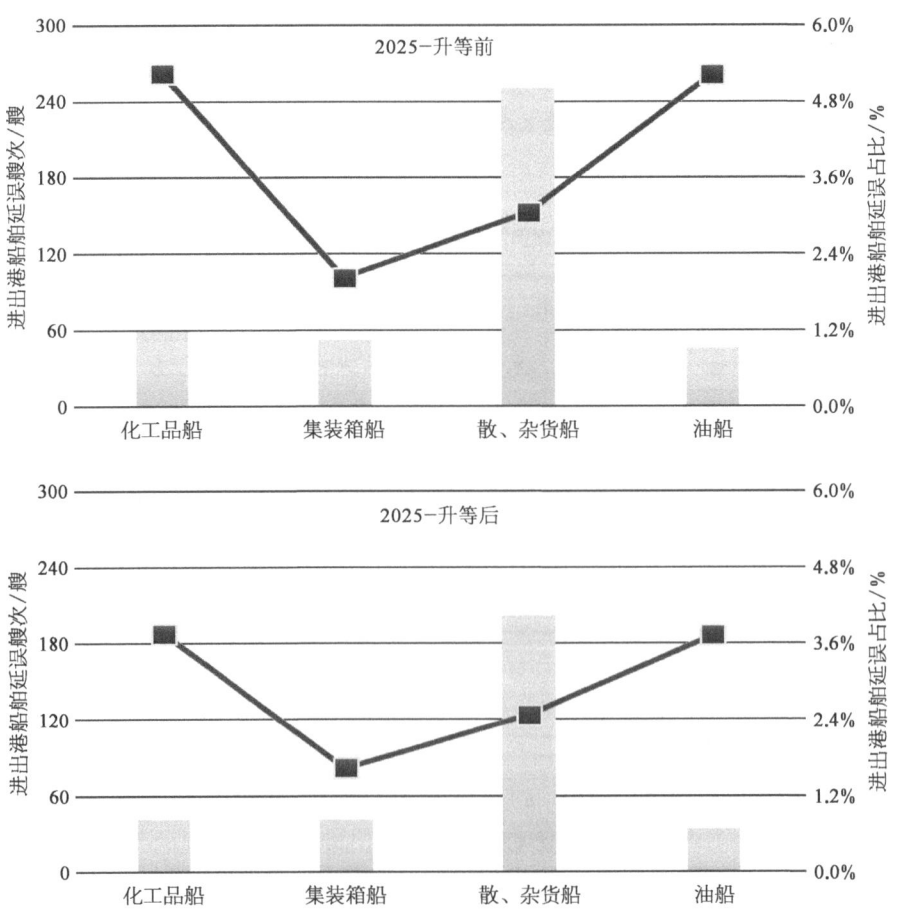

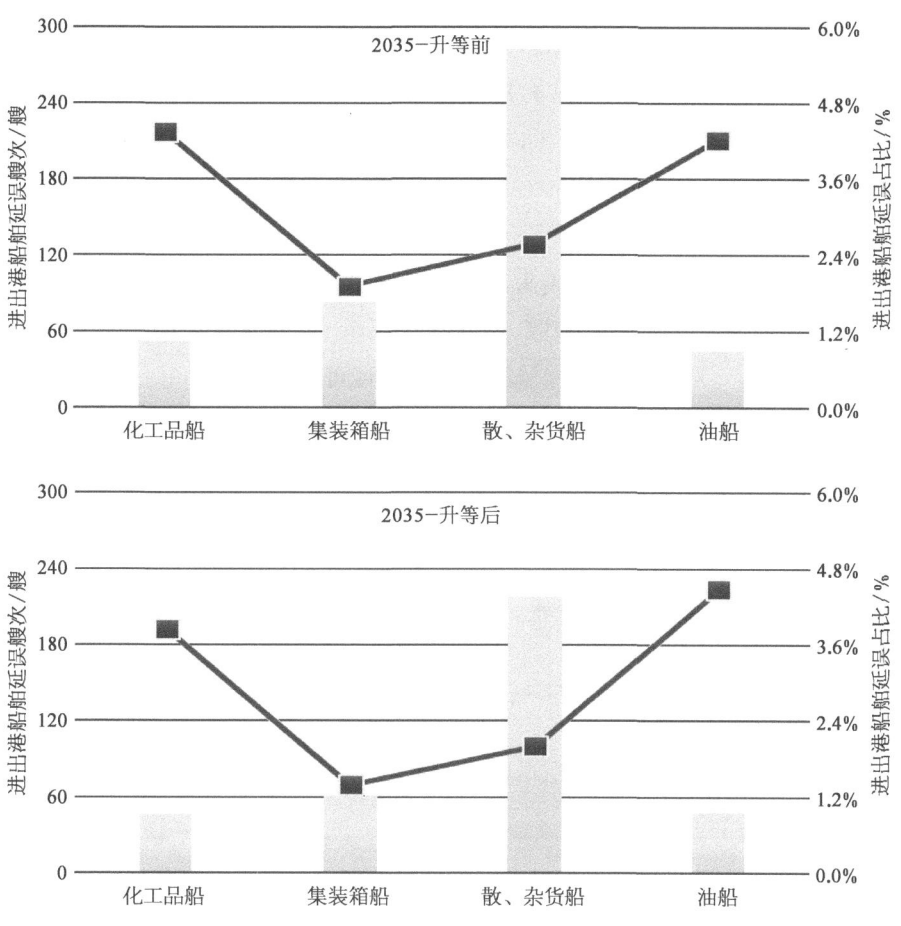

图 3-10 案例一不同货类船舶延误艘次及自身占比(柱形图为艘次)

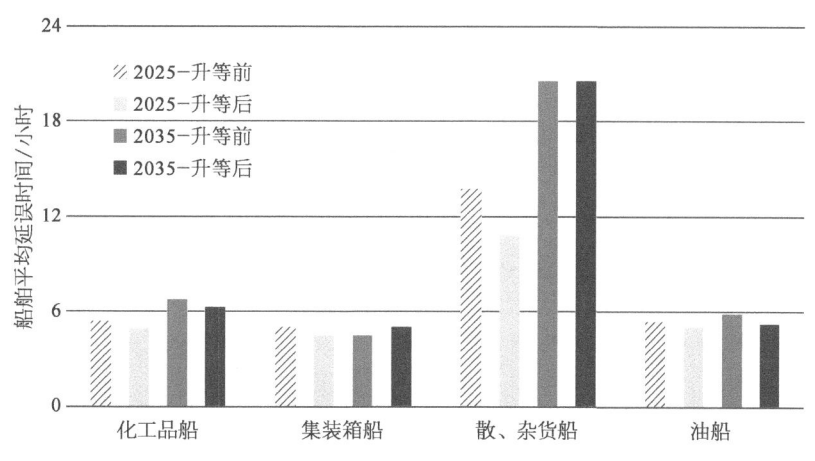

图 3-11 案例一不同货类船舶延误时间

单船平均延误艘次变化不大,在 0~0.4 艘范围内,单船延误时间平均值缩短了 0.4~2.1 小时,单船延误时间中位数也下降了 0.2~0.7 小时。

对比 LNG 码头升等前,LNG 码头升等后各个货类船舶的延误艘次均有所降低。其中,散货船延误艘次减少最多达 49~64 艘(减幅 19.5%~22.8%),其次为集装箱船,减少 11~21 艘(减幅 20.6%~25.9%)。

整体而言,散、杂货船准点率要求不高,进出港优先级较低,受延误的平均延误时间相对较长。对比 LNG 码头升等前,LNG 码头升等后各个货类船舶的延误时间均有所下降,大部分延误时间缩短 0.4~0.6 小时,其中散、杂货船 2025 年 LNG 码头升等后的船舶平均延误时间缩短了 2.9 小时。对集装箱船的平均延误影响时间的差异在-0.6~0.6 小时范围内。

分货类船舶延误艘次结果如图 3-12 所示,延误时间结果如图 3-13 所示。对比 LNG 码头升等前,LNG 码头升等后各作业区船舶的延误艘次均有所降低。其中,LNG 码头所在吕四作业区的延误艘次减少最多达 41~53 艘(减幅 16.0%~22.5%),其次为钢厂所在地三夹沙、海门作业区,减少 28~29 艘(减幅 19.9%~21.9%)。此外,LNG 码头升等后可缩短相关作业区船舶的延误时间。其中,对通州湾作业区一港池的船舶延误时间缩

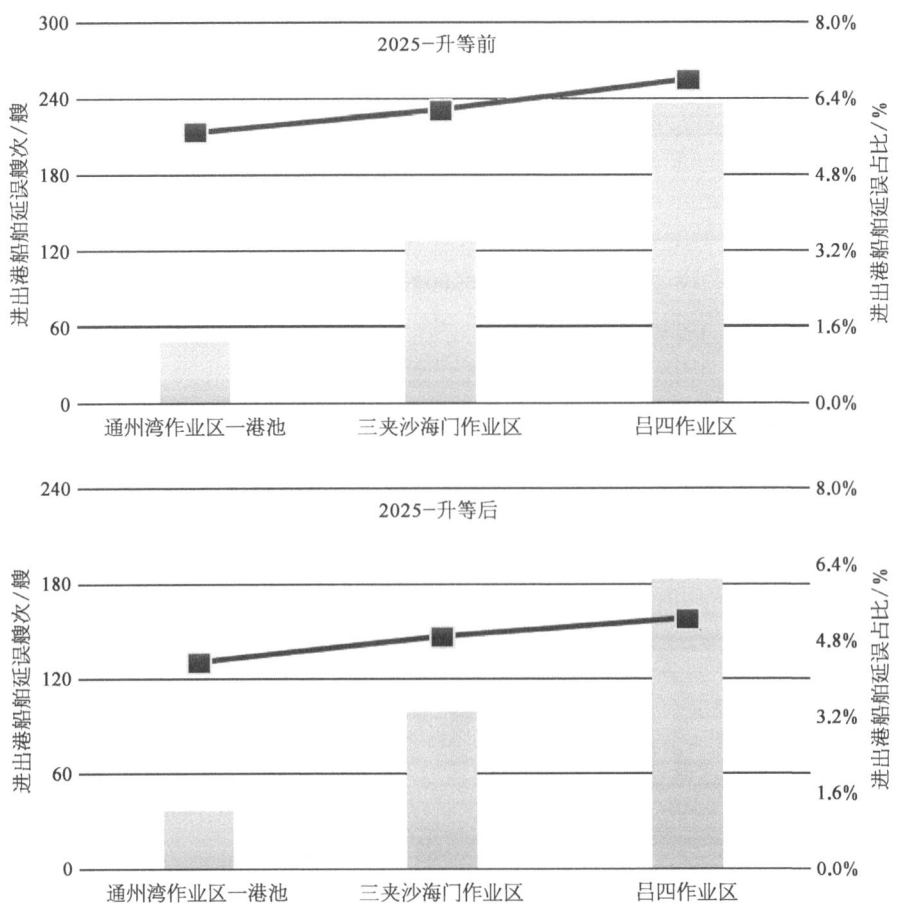

3 已建港区资源优化利用论证案例

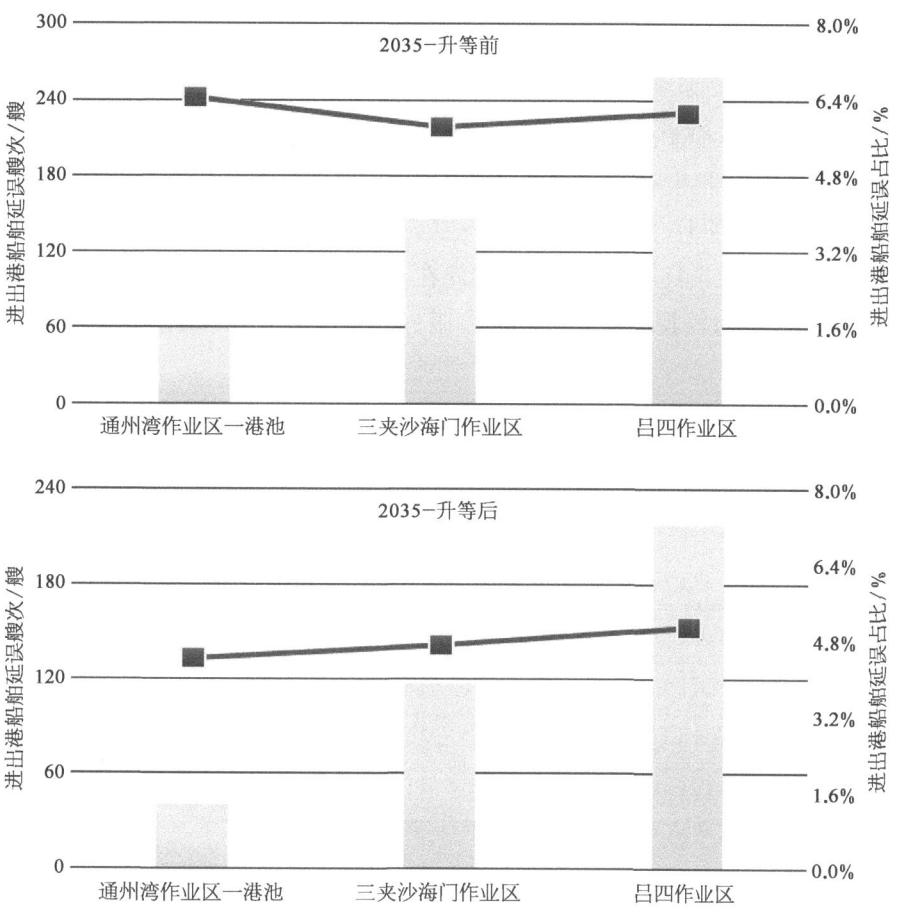

图 3-12 案例一不同作业区船舶延误艘次及自身占比(柱形图为艘次)

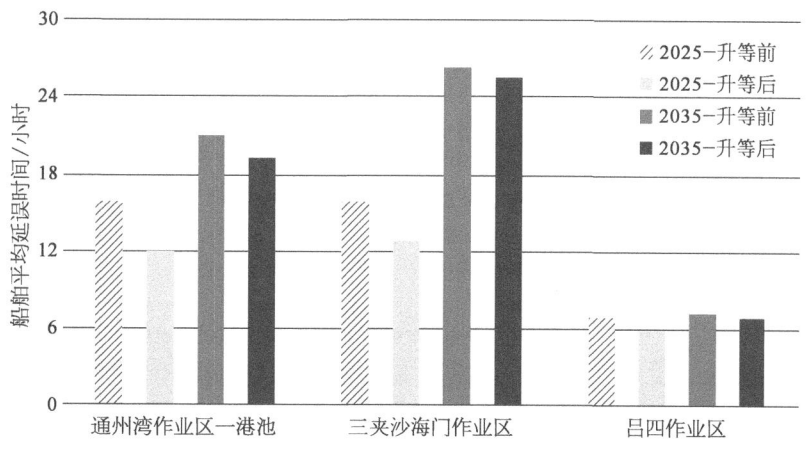

图 3-13 案例一不同作业区船舶延误时间

短最多,缩短 1.7~3.9 小时。钢厂所在地三夹沙、海门作业区船舶延误时间缩短 0.8~3.1 小时。吕四作业区船舶延误时间缩短 0.3~1.0 小时。

为对我国沿海港口服务水平问题进行深入调查和了解,近 20 家船公司参与了相关问卷调研,主要调研运营船舶在我国沿海港口的延误情况、集装箱船、散货船等准点率情况等。将港区内船舶按照吨级分为三类,分别测算不同吨级不同货类船舶的泊位等待时间。不同工况港区服务水平评估结果详见表 3-15,各个港口发展阶段,集装箱船的平均等待时间不超过 6 小时;散杂货船的平均等待时间在 8~19 小时;油船和化工品船的平均等待时间在 4~7 小时。相较我国主要沿海港口服务水平整体而言,各工况港区服务水平不高,但总体可接受。

表 3-15 案例一不同工况港区服务水平评估

船舶类别	船舶吨级/DWT	延误船舶平均等待时间/小时			
		2025-升等前	2025-升等后	2035-升等前	2035-升等后
集装箱船	≤1万	4.8	4.6	5.2	5.3
	1万~5万	4.8	4.6	5.1	5.2
散杂货船	≤1万	8.7	8.3	11.5	11.6
	1万~5万	12.8	11.6	17.9	18.4
	≥5万	9.1	9.3	9.4	10.1
油船和化工品船	≤1万	4.3	4.6	5.5	5.6
	1万~5万	4.9	4.7	5.9	6.1
	≥5万	6.8	6.2	7.0	7.0

3.8.3 港口空间功能布局优化

结合 LNG 码头升等前后船舶运输结构,考虑 2025 年及 2035 年的港口资源开发情境,对区域船舶进出港、靠离泊全过程进行模拟,并且聚焦相同运量条件下,重点对比 LNG 码头升等前后对区域船舶运输效率影响的差异。通过对比分析可知,通过提升 LNG 码头等级,可有效降低全年船舶延误的比例,单船进出对其他船舶艘次数无明显变化,但其他船舶受影响的平均时间略有下降。

(1) LNG 码头升等后对区域船舶通航效率影响总体减小。对比 LNG 码头升等前,LNG 码头升等后全年受 LNG 船舶进出港管制而延误的平均船舶艘次减少 90~92 艘,减幅 19.3%~22.4%,占全年进出港船舶艘次比例降低 0.5%~0.7%,单船平均延误时间缩短 0.4~2.1 小时。

(2) LNG 码头升等后可减缓对各货类船舶的延误影响。其中,散、杂货船的延误艘次减少最多,达 49~64 艘,减幅 19.5%~22.8%,单船平均延误时间缩短 0~2.9 小时。LNG 码头升等后对集装箱船的延误艘次相对于升等前减少 11~21 艘,减幅 20.6%~25.9%,平均延误影响时间的差异在-0.6~0.6 小时范围内。

(3) LNG 码头升等后可减缓对相关作业区船舶的延误影响。其中,对 LNG 码头所在吕四作业区的船舶延误艘次相对于升等前减少最多,达 41~53 艘,减幅 16.0%~22.5%,平均延误影响时间缩短 0.3~1.0 小时。对钢厂所在地三夹沙、海门作业区的船舶延误艘次减少 28~29 艘,减幅 21.9%~19.9%,平均延误影响时间缩短 0.8~3.1 小时。对通州湾作业区—港池的船舶延误艘次减少 11~19 艘,减幅 23.0%~31.9%,平均延误影响时间缩短最多,缩短 1.7~3.9 小时。

(4) 港区服务水平不高,但总体可接受。各个港口发展阶段,集装箱的平均等待时间不超过 6 小时;散杂货船的平均等待时间为 8~19 小时;油船和化工品船的平均等待时间为 4~7 小时。

南通港相关区域兼顾 LNG 码头运营的同时,需保障区域船舶通航效率,适时采取措施减缓对其他船舶通航的影响。

(1) 适时优化交通组织,保障运输效率。港口实际营运中可以结合船舶进出港计划安排,通过提前协调船公司、船舶代理及码头生产作业等部门,进一步优化调度 LNG 船舶与准点率要求较高的集装箱船和有窗口期要求的大型船舶进出港时间,实现"错时错峰进出港""组队进出港",从而降低 LNG 船舶对通航效率的不利影响,提升港口服务水平。

(2) 控制 LNG 船舶进出港艘次,减缓通航影响。在航道条件具备前提下,可通过优化到港 LNG 船舶结构与控制 LNG 运输规模的方式,增多相对较大 LNG 船舶承运,在保证一定 LNG 接卸量的同时,控制 LNG 船舶进出港艘次,从而进一步减缓其通航影响。

(3) 结合区域船舶通航需求,适时启动航道能力提升相关研究。与 LNG 船舶共用航道的通州湾、三夹沙、海门、吕四作业区其他货类运输船舶均依托小庙洪水道进出港。随着港区的发展,区域船舶流量上升,该共用航道未来可能面临一定的通航压力。建议结合发展需求,适时启动航道能力提升相关研究,进一步保障船舶通航效率。

3.9 主要应用效果

为保障港口资源要素充分、有效利用,结合港口空间结构优化分析结果,区域泊位数量较多且小庙洪水道较长,3 万~5 万吨级及以上船舶需要乘潮进出港,航道资源相对紧张、通过能力相对较小。LNG 船舶进出港有一些特殊的监管要求,可能对其他船舶产生一定影响。

鉴于航道条件限制,在 LNG 运输量相同的情况下,宜提高承运船舶吨级、减少到港 LNG 船舶艘次,从而有效减少对其他船舶通航的影响。总体而言,鉴于航道资源相对紧张,港区服务水平总体不高,港口发展的各阶段集装箱的平均等待时间不超过6小时,散杂货船的平均等待时间为8~19小时,油船和化工品船的平均等待时间为4~7小时。

南通港通州湾港区正处于发展建设起步阶段,区域已建成万吨及以上泊位10个,港区船舶流量有限且LNG码头位于最外侧、相对独立,根据实际运行情况来看,LNG船舶对其他船舶进出港的影响基本可控。随着LNG船舶通航监护经验的进一步累积,区域船舶交通组织方式具备一定优化空间。根据调研了解,近期南通海事局正在研究对小庙洪航道相关码头所有进出船舶进行管控、编队进出港等提升船舶通航效率的有效措施。届时,LNG船舶将被排在编队队首或队尾与其他船舶实现编队通行。

根据《南通港总体规划》,吕四作业区以通用散杂货、煤炭和液体散货油气品等物资运输为主,主要为临港工业开发服务,兼顾满足地方物资运输需求;规划通州湾港区以集装箱、干散货、液体散货和散杂货运输为主,未来区域船舶流量将逐步增长。编队进出港方案顺利实施的前提下,区域船舶流量增长对通航造成的压力相对可控。提升船舶吨级后,可有效减少LNG船舶采用特殊控制措施的次数,在保障区域LNG运输量的同时,明显提升航道通过效率、促进航道资源高效利用。

相关研究主要结论作为专题研究之一,有力支撑了交通运输部关于南通港广汇能源启动液化天然气分销转运站码头扩建工程使用港口岸线于2020年获得批复,目前项目已扩建完成。

复杂水域港口群时空优化分析案例

本章重点论述基于船舶行为链的港口空间结构迭代优化关键技术应用到复杂水域港口群船舶运输效率提升、受限船舶运输规模确定以及航道布局优化、通航环境优化中的实践成果，为水域时空结构相对稳定的港口群发展规划和开发时序提供了可靠的依据。

复杂水域发展相对成熟，时空结构相对稳定，港口群的发展规划和开发时序需要综合考虑各港口之间的关系。研究成果可以针对远期航道资源的优化配置制定港口的发展规划和开发时序，以避免交通拥堵和相互影响，促进区域协同共赢发展，提升港口群的竞争力。例如，在广州港相关总体规划调整方案中，研究成果综合考虑了近期广州港环大虎岛公用航道等级的提升以及远期航道规划，并结合最新的船舶通航组织规则，确定了广州LNG应急调峰气源站配套码头工程的发展规模，也为港口规划调整以及岸线批复提供支撑，确保工程按期完成。在嘉兴港LNG应急调峰储运站码头工程航道及其外部水域通航环节评估和通航影响评价工作中，综合考虑舟山至上海跨海大通道的通航限制，定量分析了船舶通航效率、码头规模、航道、通航规则之间的动态关系，是嘉兴港总体规划调整、岸线申请以及项目码头工程航道通航条件影响评价工作的重要支撑专题。嘉兴（平湖）LNG应急调峰储运站项目已于2022年9月投产运行。

本章甄选国内最繁忙、密度最大、通航环境最复杂的珠江口区域为典型案例。该区域发展成熟、时空结构稳定，以码头改造、航道扩建、航路优化等手段对港口功能布局进行优化。运用港口空间结构性能定量评估模型，综合考虑环大虎岛公用航道等级提升以及远期航道资源要素优化配置情况，对区域船舶通航效率进行深入分析，优化提升港口空间结构，提高系统运营效率。

4.1 目标港口及项目背景简介

珠三角地区港口位处我国重要的经济中心区域，目前初步形成了以香港为航运中心，以广州、深圳为主要港口，以珠海、惠州、虎门、中山、江门等地区性重要港口为补充，共同发展的格局。珠江口区域是华南地区经济发展和对外开放的重要依托，是泛珠三角地区参与经济全球化和全球配置资源的重要基础，影响区域内的港口群通过能力超过5亿吨，战略地位极其重大；区域内大铲水道、机场支航道、矾石水道、伶仃航道、横门东水道、龙穴南水道，是我国水上运输最繁忙、船舶密度最大、水域通航环境最复杂的水域之一；区域内还存在海洋装备、船舶修造等为主的临港工业的特殊通航要求。此外，珠江口区域通航涉及国防要求、珠江口防洪水利、环境保护、海洋环境、河口岸滩演变等其他影响因素。

为保障广州市经济社会能源的安全供应以及满足用气调峰需求,广州市需建立独立自主的应急调峰气源设施。广东省城市基础设施建设"十三五"规划明确提出的广州市 LNG 应急调峰气源站等调峰和储备设施建设,是保障广州市天然气供应安全的重大民生项目。广州燃气集团有限公司拟将粤海(番禺)石油化工储运开发有限公司的石化码头改建为一座 LNG 专用码头。本工程预计可完成接卸量 100 万吨/年。

珠江口水域与本研究相关的港口(港区)2015 年货物总吞吐量为 7.7 亿吨,与 2010 年相比分别增长了 21.0%、24.4%。分货类来看,集装箱为第一大货类,吞吐量为 3 231 万 TEU,占总吞吐量比重达到了 46%;煤炭为第二大货类,占比 17%;分港口来看,广州港吞吐量占到了总吞吐量的 65%,虎门港和深圳港西部各占 15% 和 20%,详见表 4-1。

图 4-1 案例二研究范围水陆域示意图

表 4-1 案例二 2015 年相关港口(港区)吞吐量现状表

货物种类	单 位	合 计	广州港	虎门港	深圳港西部
合计	万吨	76 685	50 053	12 089	14 543
煤炭	万吨	13 091	7 584	5 171	335
石油及制品	万吨	3 633	2 020	828	785
金属矿石	万吨	848	821	28	0
钢铁	万吨	3 201	2 791	247	163
矿建材料	万吨	2 981	2 303	531	148
粮食	万吨	4 913	2 224	1 148	1 540
集装箱重量	万吨	35 296	22 333	4 158	8 805
集装箱箱量	万 TEU	3 231	1 740	288	1 204

4.2 研究技术路线

案例二复杂水域资源匹配分析案例技术路线如图4-2所示。

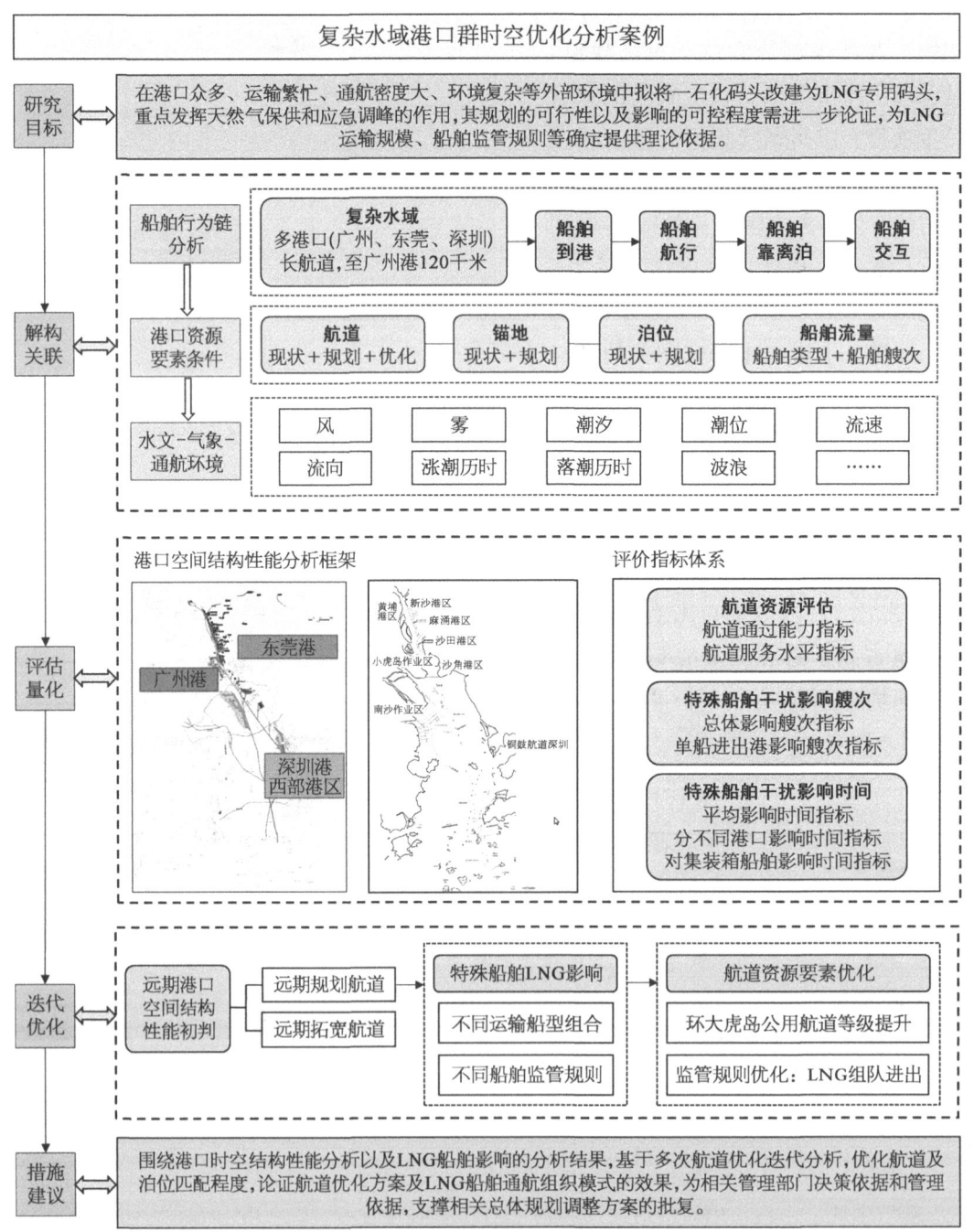

图4-2 案例二复杂水域资源匹配分析案例技术路线

4.3 船舶行为链分析

4.3.1 船舶到港

根据珠江口水域相关港口生产部门和海事部门提供的数据,经初步统计分析,2015年进出珠江口核心水域的生产性船舶达到了3.4万艘次。从船舶种类来看,以集装箱船为主,艘次数占到了65%,其次是散货船,占比18%;从分吨级来看,以1万吨级、2万吨级、3万吨级、10万吨级船为主,艘次数分别占到了总艘次的14%、13%、24%和15%。

对2015年到港船舶数量进行拟合并进行分布规律检验,得到广州港出海航道进出船舶数量接近正态分布,结果如图4-3所示。

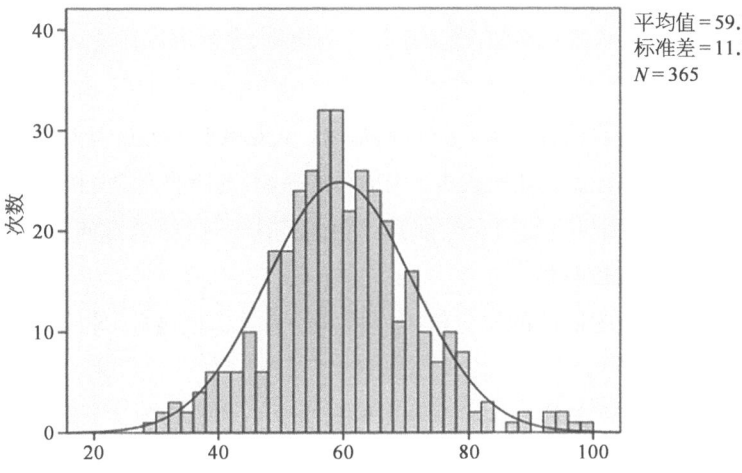

图4-3 案例二2015年广州港出海航道进出船舶数量拟合曲线

4.3.2 船舶航行

根据《广州港出海航道水域调度管理规则(2015年10月)》规定,船舶进出或通过出海航道水域的顺序,原则上按照船舶抵港和离泊先后顺序安排。但属于下列情形的,应优先安排:

(1) 运载抢险物资、救灾物资、国计民生的应急重点物资和国防建设急需物资的船舶。
(2) 国际旅游船舶。
(3) 集装箱班轮。
(4) 靠泊条件受限制的船舶。
(5) 其他特殊情况。

根据广州港通讯调度指挥中心所统计的2015年受航道交通管制影响船舶登记表,对大型集装箱船、散货船、危险品船均要进行交通管制,LNG船舶和修造船也因船舶自身特殊要求需进行交通管制。

根据《珠江口水域船舶安全航行规定》规定：吃水 3 米以下的船舶,应在小船推荐航路或主航道一侧的灯浮连线 20 米外或航道边线 50 米外水域行驶,不应妨碍主航道其他船舶航行;吃水 3~5 米的船舶使用主航道时,不应妨碍主航道其他船舶的正常航行,当有限于吃水的船舶驶近时应主动避让,若当时环境允许,应及早驶离至本船右舷一侧的航道 50 米外或灯浮连线 20 米外的水域行驶。

深圳西部各港区航行注意事项如下：

（1）吃水 5 米以下的船舶可无碍通过龙鼓西水道,但吃水 5 米以上、7 米以下的船舶只能乘潮通过,吃水大于 7 米的船舶不能通过龙鼓西水道。

（2）须注意与马友石灯船保持适当的距离,减少与船舶会遇的机会。进入大屿山 1 号锚地还须注意避开锚地东北部的沉船。

（3）船舶经过马友石灯船后,转入龙骨西水道,横流较大,要注意保持适当航向。白洲南北侧经常有拖带船横穿水道,应降低航速,谨慎航行。与白排、龙鼓洲保持适当的安全距离航行。

（4）龙鼓水道至妈湾航道段,经常有多至 20~30 艘的小型船舶密集航行,占整个航道,船舶在该航段航行应极其谨慎驾驶,靠水道的右侧航行。从龙鼓西水道进口的船舶,应注意避开锚泊船以及三个系船浮筒,注意避让龙鼓西水道航行的船舶,选择适当的时机切入推荐南航道。

（5）船舶进入警戒区前,应使用安全航速,仔细瞭望,掌握各个方向的来船情况,极其谨慎地驾驶,防止发生碰撞事故。

（6）船舶在进入东角头港区的航道航行应特别注意水深的变化,吃水大于 4 米的船舶应乘潮进入。

（7）蛇口航道 SCT 段的轴线不在蛇口航道导标轴线上,在该段航道上航行不能使用导标。

（8）赤湾航道宽度仅 120 米,11 米水深航道宽度约 60 米,港池窄小,进港船舶应低速靠右行驶。夜间进港,由于码头灯光的影响,瞭望及寻找导标存在一定的困难,应及早做好准备。进入一湾（招商石化及华英码头）的航道宽度仅 75 米。船舶驶入赤湾航道后,至赤湾 1 号浮正横,向右转入一湾。港池水深 6 米以上的范围约 180 米,操作极其困难,没有拖轮协助难以靠泊码头。进港船舶应注意避开 Y2 浮附近的浅点。

（9）妈湾航道水流较急,最大流速可达 3.5~4 节,船舶航行时须特别注意流的影响,还要注意大铲海关集中验放的船舶。

（10）铜鼓航道为 10 万吨级船单向航行航道,大型船舶应按照经深圳船舶交通管理中心批准的航行计划航行,防止在航道与其他船舶发生会遇。

4.3.3 船舶靠离泊

LNG 码头作业天数应由与 LNG 船舶进出港航行、靠泊、装卸、系泊和离泊全过程的有关气象、水文条件确定。本地区潮流属不规则半日潮流,潮流呈往复流性质,流向大致与岸线平行,实测涨潮最大流速为 0.60~0.75 米/秒,落潮最大流速为 1.00~1.15 米/秒,对 LNG 进出港航行影响不大,但船舶靠离泊作业宜避开涨落急及附近大流速时段。

4.3.4 船船交互

LNG 船舶在限制性通航水域和人工航道航行对于其他船舶具有显著排他性,LNG 船舶双向航道中 LNG 船与其他船舶的安全距离通常取为 500 米。

(1) 珠江口至南沙作业区航段:考虑到集装箱船需全天候进出港且同一吨级船舶尺度较其他船型大的特点,会船核算仅考虑与集装箱船舶对遇行驶的可能性。

(2) 应急等候、避让区的 EF 航段总长为 9 531.5 米,底宽 365 米,满足 10 万吨级集装箱船双向通航要求。

(3) 广州港出海主航道的南沙作业区以北至西基调头区航段的航道底宽为 160 米,底标高为 -13.0 米。

4.4 港口资源要素条件

4.4.1 航道

1) 广州港出海航道

广州港出海航道从南往北,经过口门航道、大濠水道分道通航区、大濠航道、伶仃航道、川鼻水道、大虎水道、坭洲头航道、莲花山东航道、新沙航道等九个航道段至西基调头区,全长约 120 千米,详见表 4-2。

表 4-2 案例二广州港出海航道现状航道尺度及通航等级

航道段名称	长度/千米	底标高/米	底宽/米	通航等级
口门航道	6.059	-17.0	243	10 万单向,5 万双向
大濠水道分道通航区段	14.569	-17.0	243	10 万单向,5 万双向
大濠水道	5.138	-17.0	243	10 万单向,5 万双向
伶仃航道(C~E)	14.883	-17.0	243	10 万单向,5 万双向
伶仃航道(E~F)	9.531	-17.0	365	10 万单向,5 万双向
伶仃航道(G~H)	10.195	-13.0	160	5 万单向
川鼻航道	11.9	-13.0	160	5 万单向
大虎航道	8.2	-13.0	160	5 万单向
坭洲头航道	8.6	-13.0	160	5 万单向
莲花山东航道	7.7	-13.5	160	5 万单向
新沙航道	7.1	-13.0	160	5 万单向

广州出海航道实施拓宽工程,按满足10万吨级集装箱船与15万吨级集装箱船(减载)双向通航的标准建设,将南沙港区南沙作业区(龙穴岛)以南至珠江口外崖洲岛西侧天然水深处全长66.6千米航道拓宽至385米,设计底标高—17.0米,详见表4-3。

表4-3 案例二广州港出海航道拓宽后航道尺度及通航等级

航道段名称	长度/千米	底标高/米	底宽/米	通航等级
口门航道	6.059	−17.0	385	10万+15万双向
大濠水道分道通航区段	14.569	−17.0	385	10万+15万双向
大濠水道	5.138	−17.0	385	10万+15万双向
伶仃航道(C~E)	14.883	−17.0	385	10万+15万双向
伶仃航道(E~F)	9.531	−17.0	385	10万+15万双向
伶仃航道(G~H)	10.195	−13.0	160	5万单向
川鼻航道	11.9	−13.0	160	5万单向
大虎航道	8.2	−13.0	160	5万单向
坭洲头航道	8.6	−13.0	160	5万单向
莲花山东航道	7.7	−13.5	160	5万单向
新沙航道	7.1	−13.0	160	5万单向

注:拓宽后出海航道15万为乘潮通航。

伶仃航道远期通航标准的确定主要考虑南沙港区未来的建设和发展。考虑远期资源全部开发以及集装箱船舶大型化以及豪华邮轮进出广州港需求增长,远期广州出海航道满足远期3万TEU集装箱船与10万吨级集装箱船双向通航要求,并可兼顾20万吨级集装箱船和22.5万总吨邮轮双向通航,同时,伶仃航道G~H~大虎航道拓宽至5万双向通航,详见表4-4。

表4-4 案例二广州港出海航道远期规划航道尺度及通航等级

航道段名称	长度/千米	底标高/米	底宽/米	通航等级
口门航道	6.059	−19.6	456	10万+3万TEU双向
大濠水道分道通航区段	14.569	−19.6	456	10万+3万TEU双向
大濠水道	5.138	−19.6	456	10万+3万TEU双向
伶仃航道(C~E)	14.883	−19.6	456	10万+3万TEU双向
伶仃航道(E~F)	9.531	−19.6	456	10万+3万TEU双向
伶仃航道(G~H)	10.195	−14.9	240	5万双向

续表

航道段名称	长度/千米	底标高/米	底宽/米	通航等级
川鼻航道	11.9	−14.9	240	5万双向
大虎航道	8.2	−14.9	240	5万双向
坭洲头航道	8.6	−13.0	160	5万单向
莲花山东航道	7.7	−13.5	160	5万单向
新沙航道	7.1	−13.0	160	5万单向

2) 深圳西部港区出海航道

铜鼓航道和西部公共航道是西部港区主要出海航道，现状航道尺度见表4-5。

表 4-5 案例二西部港区出海航道现状航道尺度及通航等级

航道段名称	长度/千米	底标高/米	底宽/米	通航等级
铜鼓航道	22.1	−15.8	240	10万单向
西部公共航道	8.9	−15.8	240	10万单向

为了解决10万吨级以上大型集装箱船舶满载航道，实施西部港区出海航道拓宽浚深工程，将铜鼓航道及西部航道从240米拓宽至270米，底标高从−15.8米浚深至−17.5米，见表4-6。

表 4-6 案例二西部港区出海航道拓宽浚深后航道尺度及通航等级

航道段名称	长度/千米	底标高/米	底宽/米	通航等级
铜鼓航道	22.1	−17.5	270	20万单向,5万双向
西部公共航道	8.9	−17.5	270	20万单向,5万双向

西部港区出海航道远期规划将在现有基础上向西北侧拓宽，满足20万吨集装箱船单向通航，15万吨级和7万吨级集装箱船双向通航要求，见表4-7。

表 4-7 案例二西部港区出海航道远期规划航道尺度及通航等级

航道段名称	长度/千米	底标高/米	底宽/米	通航等级
铜鼓航道	22.1	−17.5	475	20万单向,15万+7万双向
西部公共航道	8.9	−17.5	475	20万单向,15万+7万双向

4.4.2 锚地

广州港虎门内现有西河道、南河道、海心岗、新造、黄埔、大濠洲、莲花山、坭洲头、大虎等9处锚地,锚地面积8.12平方千米,底标高-5～-13米。虎门外现有舢舨洲沙角、伶仃、大屿山、桂山、三门岛、大坦尾等6处锚地,锚地面积185.47平方千米,底标高-10～-30米,规划新开辟大、小蜘洲岛、沙角等3处锚地,锚地面积13.7平方千米,锚地底标高-5.9～-20米。

4.4.3 泊位

根据相关港口总体规划,与LNG船舶通航密切相关的珠江三角洲港口规划码头岸线总长约190千米,可建泊位约1 400个,预计形成通过能力超过13亿吨。具体港口资源容量见表4-8。

表4-8 案例二广州LNG通航有关的港口规划资源容量情况

港口名称	岸线长度/千米	泊位数/个	通过能力/亿吨
合 计	192.9	1 401	13.5
1. 广州港	98.8	922	6.76
内港港区	18.7	407	0.48
黄埔港区	10.3	89	0.65
新沙港区	4.2	26	0.63
南沙港区	65.6	400	5
2. 虎门港	55	271	3.57
麻涌港区	12	84	0.64
沙田港区	30.2	156	1.7
沙角港区	3.7	6	0.23
长安港区	9.1	25	1
3. 深圳西部港区	39.1	208	3.17
南山港区	22.1	77	1.7
大铲湾港区	8.6	49	0.9
大小铲岛港区	4.8	17	0.37
宝安港区	3.6	65	0.2

4.4.4 船舶流量

珠江口水域主要包括广州港、虎门港、深圳港西部及中山港等港口吞吐量。通过对上述港口的综合分析,预测珠江口水域与本次研究相关的港口(港区)货物吞吐量峰值为12亿～13亿吨,通过通道的水运量峰值为7.3亿～8亿吨。

结合区域未来各货类主力船型分析,考虑合理的船舶实载率,预测珠江口水域未来船舶通过量为 71 347 艘次/年,其中广州港水域 28 347 艘次/年、东莞港水域 15 580 艘次/年、深圳港西部水域 27 420 艘次/年。

4.5 水文-气象-通航环境

主要气象水文条件如下:

1) 风况

本地区常风向为 ENE 向,频率为 15.9%;次常风向为 E 向及 NE 向,频率分别为 13.6% 和 12.4%。风向季节变化明显,春季以 ENE 向风为主,其次是 E 向;夏季以 S 向风为主,其次是 SSW 向;秋季以 E 向风为主;冬季 N 向风占优势,E 向及 SE 向次之。本区历年大于 6 级风的天数为 23 天。

2) 雾

雾一般出现在冬、春季,秋季偶有出现,5—11 月一般无雾。雾多发于凌晨,中午后消散。平均年雾日数为 16.5~25 天。

3) 潮汐

珠江口沿程各验潮站潮差见表 4-9。珠江口潮汐为不规则半日混合潮型,潮周期大约为 12 小时 25 分钟。潮波在伶仃洋河口湾内向上游传播的过程中,受喇叭状的边界影响,波能积聚,导致潮差沿程递增,至虎门附近平均潮差达最大,而自此向上游,受径流和河床消能影响,潮差渐趋减小。珠江口沿程各验潮站潮差详见表 4-9。

表 4-9 案例二珠江口沿程各验潮站潮差

站　名	桂山岛	内伶仃	赤湾	舢舨洲	大虎
平均潮差/米	1.10	1.30	1.36	1.61	1.69
最大潮差/米	2.87	3.05	3.44	3.36	3.23

4) 波浪

因万山群岛、东澳岛、蜘洲岛等众多岛屿的遮挡,桂山岛以内水域的波浪均以风浪为主,平均波高不足 1 米,平均周期小于 3.5 秒。整个伶仃洋从南到北波浪强度逐渐减弱,常浪向主要为偏南向,最大波高多出现于夏秋台风影响期间。

5）水流

伶仃洋的潮流属不正规半日潮流，伶仃洋大潮涨落潮段最大流速如图4-4所示。伶仃洋潮流，在大濠岛以里基本呈往复流动，涨、落潮水流近似南北向；大濠岛以外海域，水面开阔，涨、落潮水流呈旋转流特征。潮段平均流速，内伶仃岛以北（上段）海域是落潮大于涨潮，内伶仃岛以南海域基本是涨潮大于落潮。涨潮流速向上游沿程递增，落潮时向下游沿程递减，潮段平均流速是北段落潮流大于涨潮流，在南段则相反。2013年9月观测表明，伶仃洋各站大潮的涨潮段平均流速为0.17~0.56米/秒，落潮段平均流速为0.35~0.74米/秒；中潮的涨潮段平均流速为0.09~0.37米/秒，落潮段平均流速为0.19~0.44米/秒。

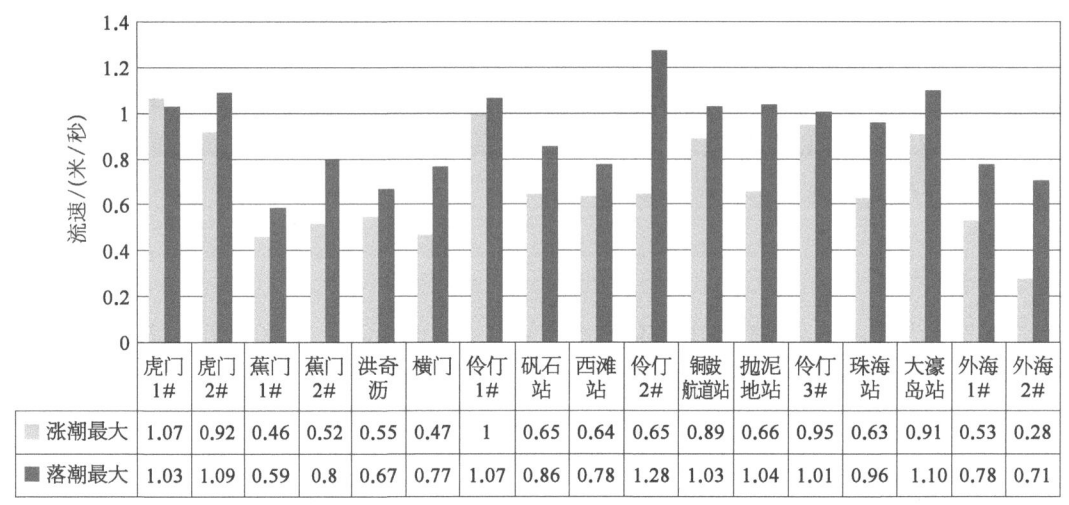

图4-4 案例二伶仃洋大潮涨落潮段最大流速

4.6 港口空间结构性能演算系统

充分考虑船舶在珠江口复杂水域活动的复杂性，面向LNG船舶进出港涉及的相关港区构建港口空间结构性能演算系统，充分反映船舶运动的轨迹以及相互之间的交互反应。

4.6.1 限航时机

根据广州港通讯调度指挥中心所统计的2015年受航道交通管制影响船舶登记表，珠江口水域封航原因包括港珠澳大桥建设施工、海上联合搜救演习及恶劣气象限制等原因，其中港珠澳大桥建设施工和海上联合搜救演习全年造成252艘船舶被延误；雾象统计于2016年4—5月造成封航共10次，封航时间为3~10小时。

本港封航时间和次数年内各月均有分布，且年际间也有差异，具有一定的随机性。参照2015年统计资料，确定年限航次数在10~20次，全年限航总时间在70~100小时，按照月度不平衡性规律随机发生,月度不均衡性参照2015年的月度限航次数平均值。

4.6.2 船舶进出港时间

本地区潮流属不规则半日潮流,潮流呈往复流性质,流向大致与岸线平行,实测涨潮最大流速为0.60～0.75米/秒,落潮最大流速为1.00～1.15米/秒。根据《液化天然气码头设计规范(JTS165-5-2009)》,靠泊时码头前沿流速要求横流小于0.5米/秒、顺流小于1.0米/秒。因此,本港区水流条件对LNG进出港航行影响不大,但船舶靠离泊作业宜避开涨落急及附近大流速时段。根据内伶仃站和舢舨洲站统计分析的高潮前后各1小时的乘潮水位见表4-10。

表4-10 案例二高潮前后各1小时的乘潮水位

高潮累积频率/%	50	60	70	80	90	95	98
内伶仃站	2.49	2.39	2.26	2.15	2.01	1.91	1.82
舢舨洲站	2.18	2.09	1.96	1.86	1.72	1.63	1.54

注:潮位基面为理论最低潮面。

4.6.3 船舶夜航限制

根据我国沿海港口人工航道夜航方面的管理规定,通常对危险品船、高速船等特殊船舶进行夜航限制。目前,珠江口水域尚无明确限制夜航的法律规定,仅限制高速船夜航。但危险品船不允许在珠江口内南沙以上锚地停留过夜,若目标泊位一直被占用,危险品船需要离港。

4.6.4 演算系统可视化界面

案例二珠三角区域港口空间结构性能演算系统可视化界面如图4-5所示。

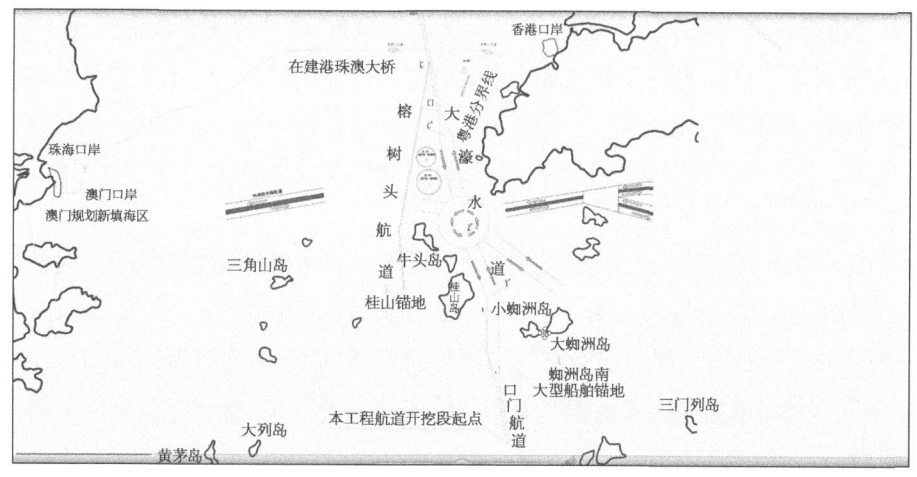

图4-5 案例二珠三角区域港口空间结构性能演算系统部分可视化界面

4.7 评价指标体系

面向特殊船舶 LNG 的影响以及复杂水域航道资源利用情况影响,筛选适宜的指标组成指标体系进行定量评估。

将评价指标分为对航道资源利用的评估以及 LNG 这一特殊航行规则要求船舶的影响评估。

4.7.1 航道资源利用评估

对远期航道通航条的评价指标主要从航道的通过能力和服务水平两个角度分析。

通过能力:统计仿真计算得到珠江口水域范围完成进出港船舶总艘次,对比输入的预测船舶总艘次,总体评价远期航道的通过能力。

服务水平:统计仿真计算得到珠江口水域进出港船舶等待航道时间,对比国内外服务水平相关研究成果,评价远期航道的服务水平。

4.7.2 特殊航行规则要求的影响

对 LNG 船舶运输对区域船舶效率产生的影响进行分析,包括全年影响船舶艘次、LNG 船单次进/出港延误船舶艘次、LNG 船造成的其他船舶平均延误时间、不同港口艘次影响、LNG 船对集装箱船的延误影响等。

4.8 对比评估和迭代优化分析

4.8.1 远期港口空间结构性能初判断

充分考虑珠江口水域水文气象条件和远期航道条件,考虑两种远期航道通航标准作为前提,首先对珠江口远期航道通过能力和服务水平进行评估。此阶段暂不考虑南沙港区小虎作业区 LNG 船。

结合珠江口各港区远期发展规模,综合考虑船舶大型化等因素,针对珠江口远期航道通航标准,共设计 2 组工况,见表 4-11。

通过能力方面:不同工况下航道通过能力仿真计算结果详见表 4-12。两种航道工况下,仿真完成进出港船舶艘次分别为 71 134 艘次、70 975 艘次,占仿真船舶总艘次的 99.57% 和 99.78%,基本可视为能够完成远期预测船舶流量;远期航道按规划进一步提高规模后,未完成进出港动作的船舶艘次由 300 艘次左右降低至 150 艘次,总体航道通过能力有所提高。

表 4-11 案例二远期航道通航标准计算工况

工况	港口发展规模	南沙小虎 LNG 项目	航道通航标准	到港船舶艘数/(艘/年)
工况 A	港口资源全部开发	暂不考虑	远期拓宽航道（10 万+15 万双向）	71 275
工况 B			远期规划航道（10 万+3 万 TEU 双向）	

注：港口资源全部开发工况考虑了各港全部港口岸线资源，如集装箱岸线包括了广州港南沙港区、东莞港长安港区、深圳港大铲湾港区等规划岸线，若远期规划港口岸线资源未达全部开发程度，本案例中的通航影响会有所降低。

表 4-12 案例二不同工况下航道通过能力仿真计算结果

	统计指标	工况 A：远期拓宽航道标准（10 万+15 万双向）	工况 B：远期规划航道标准（10 万+3 万 TEU 双向）
通过能力	远期预测船舶艘次	71 439	71 128
	仿真完成进出港船舶艘次	71 134	70 975
	仿真未完成进出港船舶艘次	305	153
	通过船舶艘次占比	99.57%	99.78%

服务水平方面：为合理评估 LNG 影响程度，采用 PIANC（国际航运协会）2014 年研究报告——*Masterplans for the development of existing ports* 中的研究成果，为保证一定的港口服务水平，建议港口管理部门采用船舶等候时间与船舶装卸作业时间之比作为衡量港口服务水平的临界值，散货船需小于 0.3，杂货船需小于 0.2，集装箱船需小于 0.1。比例若超过上述数值，则该服务水平对于港口部门和航运公司都是不可接受的，其所提出的可容忍时间见表 4-13。

表 4-13 案例二不同工况下航道服务水平仿真计算结果

	统计指标	可容忍时间 PIANC(国际航运协会)2014 年	工况 A：远期拓宽航道标准	工况 B：远期规划航道标准
服务水平（均值）/小时	进港等航道时间		2.98	2.61
	集装箱船 DWT≤20 000	1	1.78	1.81
	集装箱船 DWT>20 000	1.15	2.07	1.50
	散货船 DWT≤15 000	5	3.62	3.31
	散货船 15 000<DWT≤50 000	12.5	4.96	3.94
	出港等航道时间		4.60	3.94

续 表

统计指标		可容忍时间 PIANC(国际航运协会)2014年	工况A：远期拓宽航道标准	工况B：远期规划航道标准
服务水平（均值）/小时	集装箱船 DWT≤20 000	1	2.81	2.64
	集装箱船 DWT>20 000	1.15	1.60	1.48
	散货船 DWT≤15 000	5	8.50	6.42
	散货船 15 000<DWT≤50 000	12.5	10.93	7.3

远期航道条件下，珠江口水域散货船等候时间可以满足国际航运协会的标准要求，但集装箱船的等候时间略超过国际标准要求，相对应的远期集装箱船准点率可能难以保障。同时，根据对各大船公司的调研问卷反馈（阶段性调研成果）可以看出，散货船、件杂货船平均延误时间在12小时以上的居多，远洋航线集装箱船平均延误时间为4～12小时。

4.8.2 LNG船舶通航影响评估

结合远期港口空间结构性能初判断结果，航道按规划提升规模后，未进行进出港动作船舶艘次共153艘次，考虑珠江口水域日到港船舶数量期望值约60艘次，以及其余在锚船舶等，通过能力基本可以满足要求；服务水平也有相应的提升，特别是对于2万吨级以上集装箱船进港和1.5万吨级以上散货船出港，分别缩短等待航道时间0.57小时、3.63小时，提升27.5%、33.2%，提升效果较为明显。基于上述研究成果，后续LNG船舶通航影响基于上小节的工况B（远期规划航道标准——10万+3万TEU双向）进行仿真研究。

综合考虑船舶大型化等因素和运营形式，兼顾新、老规范相应的通航管理规定，以2016年已批复的航道规划为基准，进出港LNG船舶吨级以4万～8万方为主，共设计4组工况，详见表4-14。

表 4-14 案例二 LNG船通航影响计算工况

工 况	到港LNG船舶艘数/(艘/年)	LNG管制方式	港口发展规模	航道发展规模
工况1	42	严格单向（2009版规范）	港口资源全部开发	远期规划航道标准
工况2	42	有限双向（2016版规范）		
工况3	86	严格单向（2009版规范）		
工况4	86	有限双向（2016版规范）		

1) 全年影响船舶艘次方面

LNG船的全年影响船舶数量随着LNG船舶艘次增加而增加;相较于LNG船舶实行严格单向管制,采取有条件双向管制时,LNG船的全年影响艘次将显著减少,不同工况下广州港南沙港区小虎作业区LNG船舶全年影响艘次详见表4-15。

表4-15 案例二不同工况下南沙港区小虎作业区LNG船舶全年影响艘次

工况	LNG管制方式	小虎作业区到港LNG船舶艘数/(艘/年)	全年影响船舶艘次
工况1	严格单向(2009版规范)	42	826
工况2	有限双向(2016版规范)	42	129
工况3	严格单向(2009版规范)	86	1 420
工况4	有限双向(2016版规范)	86	212

2) LNG船单次进/出港延误船舶艘次方面

当LNG船舶实行严格单向管制时,单次通航延误的船舶数量随着LNG船舶艘次增加而增加;当LNG船舶实行有限双向管制时,单次通航延误的船舶数量均值约为3艘,延误艘次范围变化不大,LNG船单次通航延误的船舶艘次指标统计详见表4-16。

表4-16 案例二LNG船单次通航延误的船舶艘次指标统计

工况	LNG管制方式	到港LNG船舶艘数/(艘/年)	单次通航延误船舶艘次(艘/年) 均值	范围值
工况1	严格单向(2009版规范)	42	59	[25,93]
工况2	有限双向(2016版规范)	42	2.9	[1,9]
工况3	严格单向(2009版规范)	86	83	[38,209]
工况4	有限双向(2016版规范)	86	3.1	[1,9]

3) LNG船造成的其他船舶平均延误时间方面

随着LNG船舶通航艘次的增加,LNG船舶的平均延误时间也随之增加。LNG船舶延误艘次的增加会间接造成LNG船舶的延误时间与其他因素引起的延误时间相互叠加,从而使累计船舶延误时间增加,LNG船造成的其他船舶平均延误时间指标统计详见表4-17。

表 4-17 案例二 LNG 船造成的其他船舶平均延误时间指标统计

工况	LNG 船舶管制方式	小虎作业区到港 LNG 船舶艘数/(艘/年)	平均延误时间/小时
工况 1	严格单向(2009 版规范)	42	7.98
工况 2	有限双向(2016 版规范)	42	2.48
工况 3	严格单向(2009 版规范)	86	9.40
工况 4	有限双向(2016 版规范)	86	4.30

4) 不同港口艘次影响方面

广州港南沙港区小虎作业区 LNG 项目主要影响广州港和东莞港，两者影响程度接近，对深圳港西部港区影响有限，各港口延误船舶总艘次指标统计详见表 4-18。主要是因为深圳港西部港区目前小船通常经由香港马湾水道进出港，仅有部分大型船通过铜鼓航道进出珠江口，与广州港进出航道也仅有局部航段重叠。

表 4-18 案例二各港口延误船舶总艘次指标统计

工况	LNG 船舶管制方式	小虎作业区到港 LNG 船舶艘数/(艘/年)	延误船舶总艘次/(艘/年)		
			广州港	深圳港(西部)	东莞港
工况 1	严格单向(2009 版规范)	42	409	27	390
工况 2	有限双向(2016 版规范)	42	77	10	42
工况 3	严格单向(2009 版规范)	86	766	38	616
工况 4	有限双向(2016 版规范)	86	108	19	85

现状深圳港西部港区对铜鼓航道的利用并不充分，要求铜鼓航道全部航段内同时仅能有一艘船在航，平均一天仅有 7~8 艘船舶通过。结合铜鼓航道现在利用情况，兼顾远期航道规划情况，考虑深圳西部约 30% 的 7 万吨级以上中大型船舶利用铜鼓航道进出深圳西部港区，铜鼓航道年通过船舶艘次约 8 000 多艘次。

5) LNG 船对集装箱船的延误影响方面

因为研究区域内集装箱港区相对更靠近珠江口，所以集装箱船平均延误时间低于全部船舶平均延误时间。严格单向条件下，广州港和东莞港集装箱船平均延误时间达 5 小时以上，深圳港西部集装箱船平均延误时间达 3 小时以上；有限双向条件下，广州港和东莞港集装箱船平均延误时间为 1.6~1.9 小时，深圳港西部集装箱船平均延误时间为 0.5~

1.3小时;同时,可以看出,远期航道已满负载运行利用,集装箱服务水平必然有所降低,远期集装箱岸线资源开发需谨慎考虑。

4.8.3 航道迭代优化后的船舶通航影响

在海事部门和港务部门的共同推动下,根据行业标准规范,经组织多次进行通航安全协调、技术论证和航模实验,目前进出九丰码头的LNG船已可依托已拓宽至385米的双向航道,与其他船舶进行对遇通航。2018年6月11日,经多方共同协调,首次安排吨级较小的"运春"集装箱船(载重22 171吨,船长216米)与"波托维内"LNG船(6.5万立方米)在385米宽的双向航道段安全会遇。

截至2018年10月,已有6艘次集装箱船与LNG船舶安全会遇,其中最大LNG船型为8.9万立方米,最大集装箱船型为5万吨级。

考虑到未来航道条件有可能进一步提升,本案例在总结过去研究成果的基础上,综合考虑近期广州港环大虎岛公用航道等级提升以及远期航道规划,结合最新船舶通航组织规则,分析了航道条件提升后,控制LNG船舶进出港艘次条件下,LNG船舶进出港对相关作业区船舶通航的影响,详细工况设置见表4-19。其中,迭代优化工况中广州小虎作业区LNG进出港LNG船舶以14.7万立方米为主,东莞九丰LNG船舶仍以4万~8万立方米为主。

表4-19 案例二LNG船通航影响迭代优化工况

工 况	迭代优化工况1	迭代优化工况2
小虎作业区到港LNG船舶艘数(艘/年)	18(14.7万立方米)	18(14.7万立方米)
是否与东莞九丰LNG船舶组队进出	否	是
LNG船舶管制方式	有限双向(2016版规范)	
港口发展规模	港口资源全部开发	
航道发展规模	下述远期航道标准	

详细航道发展规模设置见表4-20、表4-21。

1) 广州港出海航道

表4-20 案例二结合最新情况的广州出海航道远期规划航道尺度及通航等级

航道段名称	长度/千米	底标高/米	底宽/米	通航等级
口门航道	6.059	−19.6	456	10万+3万 TEU 双向
大濠水道分道通航区段	14.569	−19.6	456	10万+3万 TEU 双向

续 表

航道段名称	长度/千米	底标高/米	底宽/米	通航等级
大濠水道	5.138	−19.6	456	10万+3万TEU双向
伶仃航道(C~E)	14.883	−19.6	456	10万+3万TEU双向
伶仃航道(E~F)	9.531	−19.6	456	10万+3万TEU双向
伶仃航道(G~H)	10.195	−14.9	240	5万双向
川鼻航道	11.9	−14.9	242 会遇段300	5万双向
大虎航道	8.2	−14.9	240	5万双向
坭洲头航道	8.6	−13.0	160	5万单向
莲花山东航道	7.7	−13.5	160	5万单向
新沙航道	7.1	−13.0	160	5万单向

2) 深圳西部港区出海航道

表4-21 案例二深圳西部港区出海航道远期规划航道尺度及通航等级

航道段名称	长度/千米	底标高/米	底宽/米	通航等级
铜鼓航道	22.1	−17.5	475	20万单向,15万+7万双向
西部公共航道	8.9	−17.5	475	20万单向,15万+7万双向

(1) 全年影响船舶艘次方面

LNG船舶实行组队进出港时,相较于LNG船舶正常进出港,LNG船舶的全年影响艘次将显著减少。不同工况下南沙港区小虎作业区LNG船舶全年影响艘次详见表4-22。

表4-22 案例二不同工况下南沙港区小虎作业区LNG船舶全年影响艘次

工况	LNG船舶管制方式	小虎作业区到港LNG船舶艘数/(艘/年)	全年影响船舶艘次
迭代优化工况1	有限双向(2016版规范)	18艘	151
迭代优化工况2	有限双向(2016版规范); 东莞与广州LNG船舶组队进出	18艘	54

(2) LNG船单次进/出港延误船舶艘次方面

当LNG船舶实行组队进出港时,相较于LNG船舶正常进出港,LNG船舶单次通航延误的船舶数量略有增加,延误艘次范围略有缩小,LNG 船单次通航延误的船舶艘次指标统计详见表 4-23。

表 4-23 案例二 LNG 船单次通航延误的船舶艘次指标统计

工况	LNG 船舶管制方式	小虎作业区到港 LNG 船舶艘数/(艘/年)	单次通航延误船舶艘次/(艘/年) 均值 范围值
迭代优化工况1	有限双向(2016 版规范)	18 艘	5.2 [1,11]
迭代优化工况2	有限双向(2016 版规范) 东莞与广州 LNG 船舶组队进出	18 艘	5.7 [2,9]

(3) LNG 船造成的其他船舶平均延误时间方面

当 LNG 船舶实行组队进出港时,相较于 LNG 船舶正常进出港,LNG 船舶造成的其他船舶平均延误时间有所减少,LNG 船造成的其他船舶平均延误时间指标统计详见表 4-24。

表 4-24 案例二 LNG 船造成的其他船舶平均延误时间指标统计

工况	LNG 船舶管制方式	小虎作业区到港 LNG 船舶艘数/(艘/年)	平均延误时间/小时
迭代优化工况1	有限双向(2016 版规范)	18 艘	5.2
迭代优化工况2	有限双向(2016 版规范) 东莞与广州 LNG 船舶组队进出	18 艘	4.9

(4) 不同港口艘次影响方面

广州港南沙港区小虎作业区 LNG 项目主要影响广州港和东莞港,对深圳港西部港区影响有限。当 LNG 船舶实行组队进出港时,相较于 LNG 船舶正常进出港,对广州港、东莞港和深圳港西部港区的影响均有所降低,各港口延误船舶总艘次指标统计详见表 4-25。

表 4-25 案例二各港口延误船舶总艘次指标统计

工况	LNG 船舶管制方式	延误船舶总艘次/(艘/年)		
		广州港	深圳港(西部)	东莞港
迭代优化工况1	有限双向(2016 版规范)	74	10	68
迭代优化工况2	有限双向(2016 版规范) 东莞与广州 LNG 船舶组队进出	17	5	33

(5) LNG 船对集装箱船的延误影响

集装箱船平均延误时间仍低于全部船舶平均延误时间。当 LNG 船舶实行组队进出港时,相较于 LNG 船舶正常进出港,广州港集装箱船舶平均延误时间有所增加,东莞港和深圳港集装箱船舶平均延误时间有所减少,广州港、东莞港、深圳港(西部港区)延误集装箱船舶指标统计分别见表 4-26、表 4-27、表 4-28。

表 4-26 案例二广州港延误集装箱船舶指标统计

工况	LNG 船舶管制方式	延误集装箱船舶艘次/(艘/年)	平均延误集装箱船时间/小时
迭代优化工况 1	有限双向(2016 版规范)	30	1.9
迭代优化工况 2	有限双向(2016 版规范)东莞与广州 LNG 船舶组队进出	7	3.1

表 4-27 案例二东莞港延误集装箱船舶指标统计

工况	LNG 船舶管制方式	延误集装箱船舶艘次/(艘/年)	平均延误集装箱船时间/小时
迭代优化工况 1	有限双向(2016 版规范)	13	2.9
迭代优化工况 2	有限双向(2016 版规范)东莞与广州 LNG 船舶组队进出	5	1.8

表 4-28 案例二深圳港(西部港区)延误集装箱船舶指标统计

工况	LNG 船舶管制方式	延误集装箱船舶艘次/(艘/年)	平均延误集装箱船时间/小时
迭代优化工况 1	有限双向(2016 版规范)	4	1.5
迭代优化工况 2	有限双向(2016 版规范)东莞与广州 LNG 船舶组队进出	1	0.4

广州港南沙港区小虎作业区 LNG 应急调峰储备配套码头选址所在的珠江口水域是我国水上运输最繁忙、船舶密度最大、水域通航环境最复杂的水域之一,在现行普遍严格的 LNG 船舶进出港监管规则下,LNG 船舶进出港对通航的影响不能忽视。

在航道条件具备前提下,可通过优化到港 LNG 船舶结构与控制 LNG 运输规模的方式,增多相对较大 LNG 船舶承运,可保证一定 LNG 接卸量的同时,控制 LNG 船舶通航艘次,从而减缓其通航影响。目前,已有东莞九丰 LNG 船舶在此水域通航,几乎 90% 航线与广州拟建 LNG 接收站的船舶航线一致,若可通过高效、有序的调度管理措施,对珠江口水域进出的 LNG 船舶统一监管、控制进出港艘次,使不同作业区 LNG 船舶组队同时进港或出港,对于提高区域船舶通行效率、减缓 LNG 船舶进出港的通航影响有积极作用。

4.9 主要应用效果

综合考虑广州港南沙港区小虎作业区 LNG 船舶进出港条件、港口区域发展需求以及珠江口水域条件，本案例首先评估了不考虑小虎作业区 LNG 船舶时远期港口空间结构性能，在性能较佳的基础上进一步分析 LNG 船舶对区域船舶效率的影响。

分析表明，LNG 船舶进出港对其他船舶通航产生一定影响，且 LNG 船舶的通航影响程度随着 LNG 船舶到港艘次的增加而加剧，相较于 LNG 船舶严格单向通航，有限双向通航时减缓通航影响效果明显：① 工况 1、工况 2、工况 3、工况 4 全年影响船舶艘次分别为 826 艘、129 艘、1 420 艘、212 艘，LNG 船舶单次通航平均延误船舶艘次分别为 59 艘、2.9 艘、83 艘、3.1 艘，LNG 船造成的其他船舶平均延误时间分别为 8.0 小时、2.5 小时、9.4 小时、4.3 小时；② 主要影响广州港和东莞港，两者影响程度接近，对深圳港西部港区影响有限；③ LNG 船舶严格单向通航时，LNG 船舶对集装箱船的平均延误影响时间在 3~6 小时，而有限双向通航时，LNG 船舶对集装箱船的平均延误影响时间小于 2 小时。

随着广州港环大虎岛公用航道工程的有序推进，航道条件进一步改善。结合广州港环大虎岛公用航道等级提升以及远期航道规划，设置了 2 组工况，迭代分析了航道条件提升后，控制 LNG 船舶进出港艘次条件下，LNG 船舶进出港的通航影响。控制 LNG 船舶进出港艘次条件下，LNG 船舶的通航影响总体可控，并且当 LNG 船舶实行组队进出港时，相较于 LNG 船舶正常进出港时，有进一步减缓通航影响的效果：① 迭代优化工况 1、迭代优化工况 2 的全年影响船舶艘次分别为 151 艘、54 艘，LNG 船舶单次通航平均延误船舶艘次分别为 5.2 艘、5.7 艘，LNG 船造成的其他船舶平均延误时间分别为 5 小时、4.9 小时；② 主要影响广州港和东莞港；③ LNG 船舶对集装箱船的平均延误影响时间在 0.4~3.1 小时。

广州港出海航道是利用珠江口天然条件，经人工浚深建设而成，目前航道总长 115 千米，由于航道疏浚宽度不够，大型船舶仅能单向行驶。随着航道船舶密度越来越大，到港船舶日益大型化，出海航道管制次数越来越多，且广州港、东莞港和深圳港（局部）均共用一条出海航道。基于上述情况，珠江口各港需统筹平衡，在不突破广州港出海航道通航承载能力的前提下，制定各港的发展规划和开发时序，避免造成交通混乱和相互影响，促进区域协同共赢发展，提升港口群竞争力。

围绕广州港小虎作业区时空结构性能分析以及 LNG 船舶影响的分析结果，基于多次航道优化迭代分析，优化了 LNG 码头的布局，确定了运输规模，为海事和引航等管理部门提供船舶监管的理论依据，有力支撑了广州港相关总体规划调整方案的批复。

广州 LNG 应急调峰气源站配套码头工程使用港口岸线的批复于 2021 年获得，目前项目顺利建设，已于 2023 年 8 月投产运行。

5 新建港区择优布局规划案例

本章重点论述基于船舶行为链的港口空间结构优化关键技术应用到新港区择优布局规划的实践成果,提升了我国新建港区空间功能规划方案的科学性和合理性。

针对新建港区空间结构优化需要统筹考虑区域周边船舶行为模式、水文-气象-通航环境条件,以及航道资源、岸线资源和锚地资源等综合要素,针对保障未来港口建成后的船舶运营,研究成果科学地布局了各种货物类型的码头规模。例如,在宁波舟山港六横港区沙头山作业区规划调整方案中,研究成果为布局LNG接收站的可行性、布局规模以及LNG货物与其他货物的配置比例等方面提供了重要的指导,相关港口规划调整方案已通过交通运输部和浙江省人民政府的联合审查并获得批复(舟山市港航和口岸管理局关于宁波舟山港相关成果的应用及效益证明)。类似地,该研究成果还在盐城港滨海港区总体规划的编制工作中对区域通航效率的发挥以及LNG码头规模的确定发挥了重要的支撑作用,盐城港滨海港区总体规划于2020年获得江苏省人民政府的批复,重点论证分析的中海油滨海LNG接收站项目已于2022年投产运行。

以宁波舟山港六横港区为例,这是一离岸岛,除部分围垦堤外,岸线基本处于未开发状态。

5.1 目标港口及项目背景

宁波舟山港是浙江省及长江沿线地区重要的海上门户,不仅在长三角地区经济社会发展、对外开放和国家煤炭、矿石、原油等能源、原材料运输中占据十分重要的地位,而且对于推动长江沿线地区工业化、国际化进程,促进东中西三大区域联动,实现国家区域经济协调发展和全面参与经济合作与竞争都具有重要作用。

如图5-1所示,六横南部依托外青山已形成围垦堤,形成围填海面积约15平方千米。其他岸线基本处于未开发状态,围垦堤东南侧有三个天然小海湾,海湾前方水深条件较好。

5.2 研究技术路线

案例三新建港区择优布局规划案例技术路线如图5-2所示。

5 新建港区择优布局规划案例

(a) 六横港区现状示意

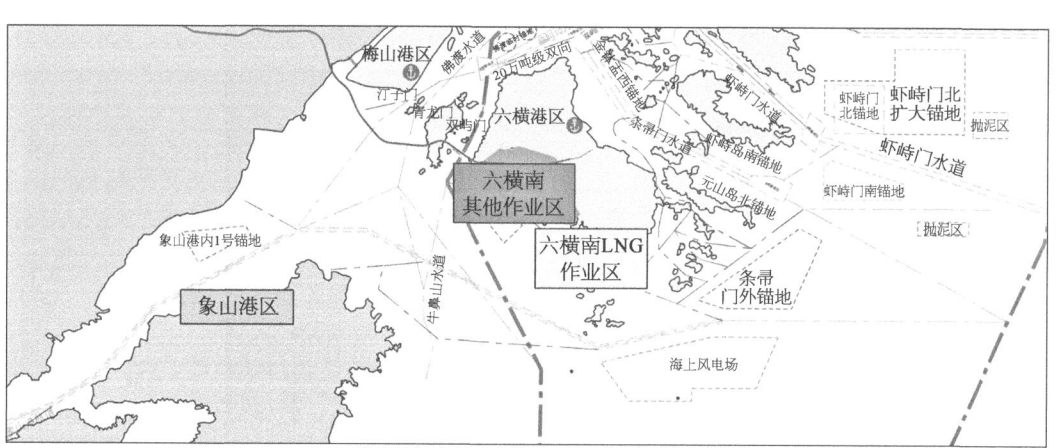

(b) 相关港区作业区区位示意

图 5-1 案例三目标港区示意图

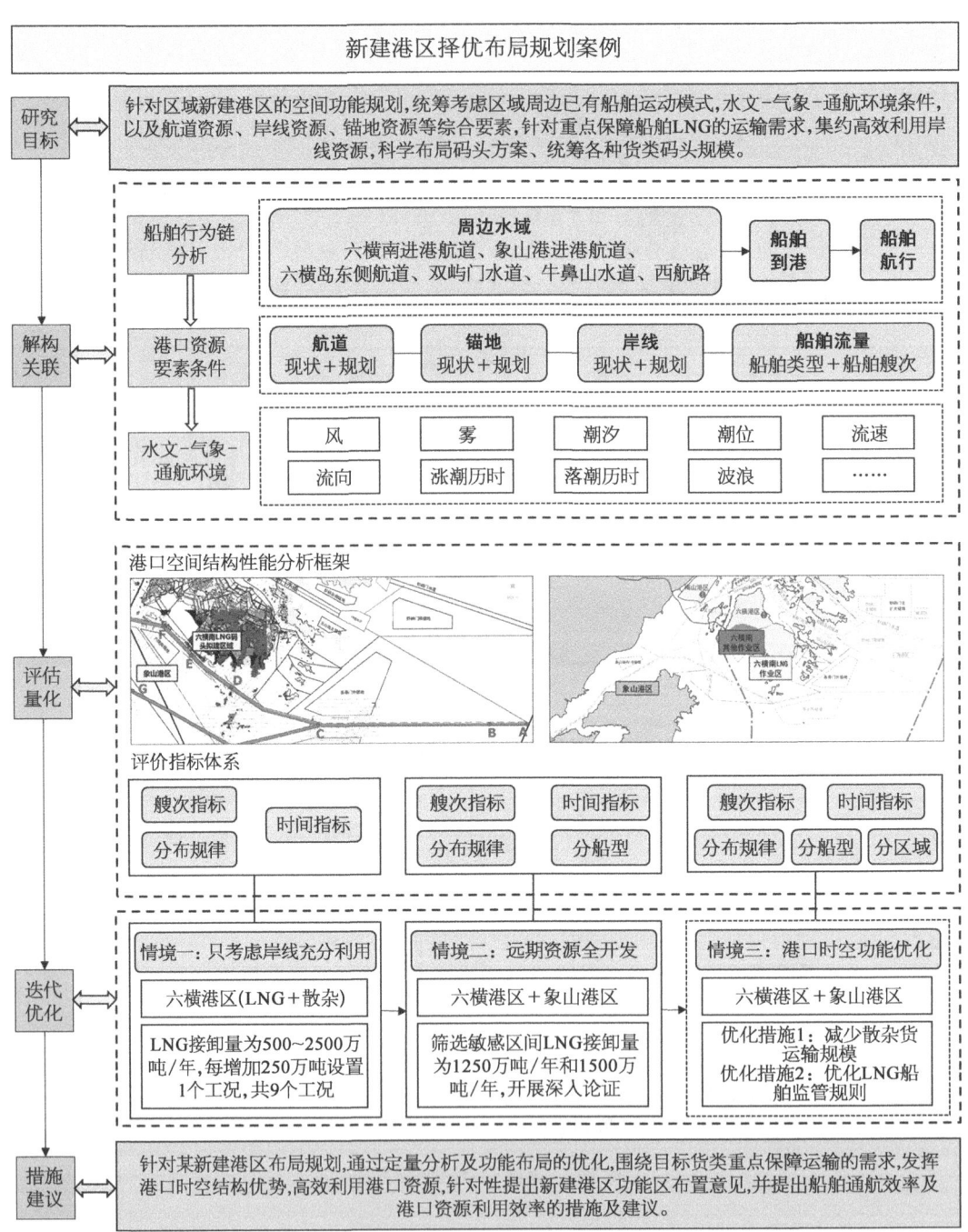

图 5-2 案例三新建港区择优布局规划案例技术路线

5.3 船舶行为链分析

鉴于相关港区尚未建设开发,围绕六横岛南侧水域情况以及船舶活动实情,挖掘 2018 年 7 月、2019 年 1 月的 AIS 数据,对区域船舶在航道航行的行为进行分析。六横岛南侧附近水域船舶交通流统计如图 5-3 所示。

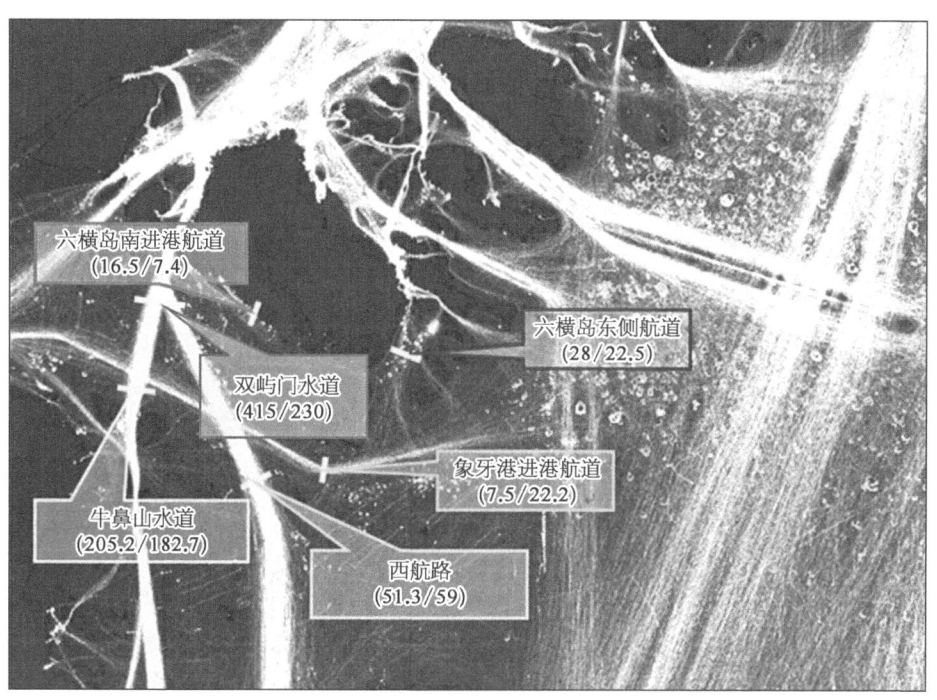

图 5-3 案例三六横岛南侧附近水域船舶交通流统计(艘次/天)

1) 六横南进港航道

六横岛南侧航道 2018 年 7 月共有约 513 艘次船舶通过,通航密度约为 17 艘次/天,2019 年 1 月共有约 230 艘次船舶通过,通航密度约为 7 艘次/天;船舶到达时段分布相对较均匀;主要为 60 米以下的中小型船舶;船舶的吃水分布都在 4 米以下。

2) 象山港进港航道

象山港进港航道 2018 年 7 月共有约 234 艘次船舶通过,通航密度约为 8 艘次/天,2019 年 1 月共有约 689 艘次船舶通过,通航密度约为 22 艘次/天;船舶到达时段分布相对较均匀;主要为 60 米以下中小型船舶,存在部分 121～285 米的大型船舶;船舶的吃水主要分布在 4 米以下。

3）六横岛东侧航道

六横岛东侧航道 2018 年 7 月共有约 868 艘次船舶通过,2019 年 1 月共有约 698 艘次船舶通过,通航密度约为 25 艘次/天,船舶到达时段分布相对较均匀;主要为船长 100 米以下中小型船舶;船舶的吃水主要分布在 4 米以下。

4）双屿门水道

双屿门水道 2018 年 7 月共有约 12 883 艘次船舶通过,通航密度约为 416 艘次/天,2019 年 1 月共有约 7 138 艘次船舶通过,通航密度约为 230 艘次/天;船舶到达时间分布较均匀;主要为 100 米以下中小型船舶。

5）牛鼻山水道

牛鼻山水道 2018 年 7 月共有约 6 362 艘次船舶通过,2019 年 1 月共有约 5 664 艘次船舶通过,通航密度约为 200 艘次/天;船舶到达时段分布相对较均匀;主要为船长 100 米以下的中小型船舶;船舶的吃水主要分布在 4 米以下。

6）西航路

西航路 2018 年 7 月共有约 1 589 艘次船舶通过,2019 年 1 月共有约 1 830 艘次船舶通过,通航密度约为 57 艘次/天;船舶到达时段分布相对较均匀;主要为船长 60 米以下中小型船舶;船舶的吃水深度主要分布在 4 米以下。

5.4　港口资源要素条件

5.4.1　航道

六横岛位于舟山港南部海域,北侧紧邻虾峙岛,中间形成条帚门水道;西侧紧邻佛渡岛,中间形成双屿门水道;南部主要有六横南进港航道和象山港进港主航道两条航道。六横岛附近航道分布如图 5-4 所示。

根据《宁波舟山港总体规划(2014—2030 年)》,六横南进港航道总航程 24.5 千米,航道宽 500~800 米,满足 5 万吨级船舶双向通航条件;象山港进港主航道总航程 64.4 千米,航道宽 350 米,满足 5 万吨级船舶双向通航条件。

5.4.2　锚地

六横岛东南侧附近水域主要规划有六横南锚地和条帚门外锚地,在周边水域分布有虾峙岛北锚地、虾峙门南锚地、虾峙岛南锚地及虾峙门口外候潮锚地。六横岛东南附近锚地分布如图 5-5 所示。

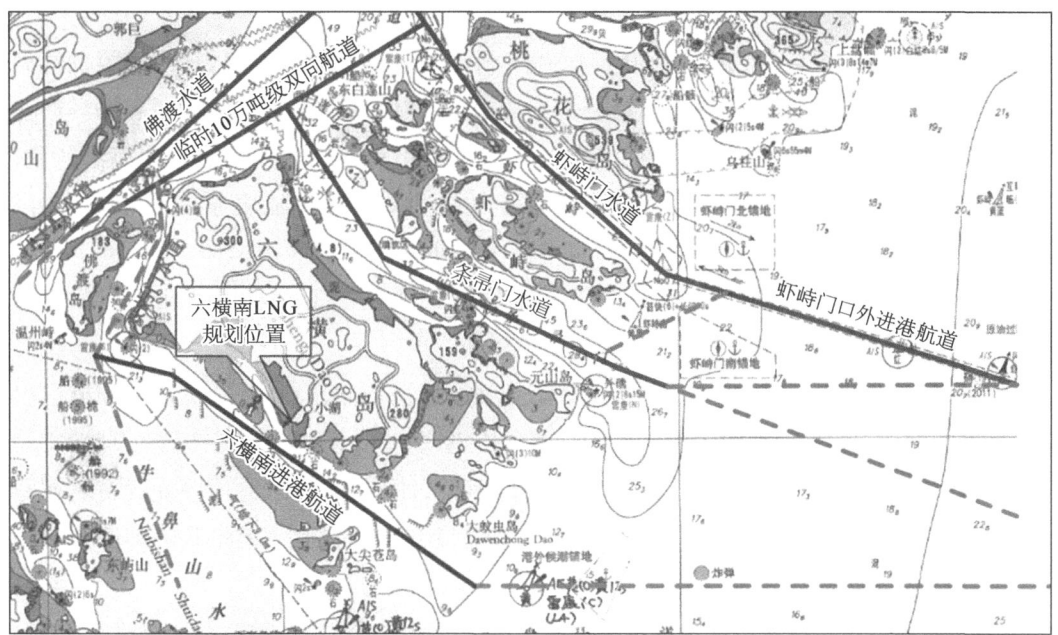

图 5-4 案例三六横岛附近航道分布

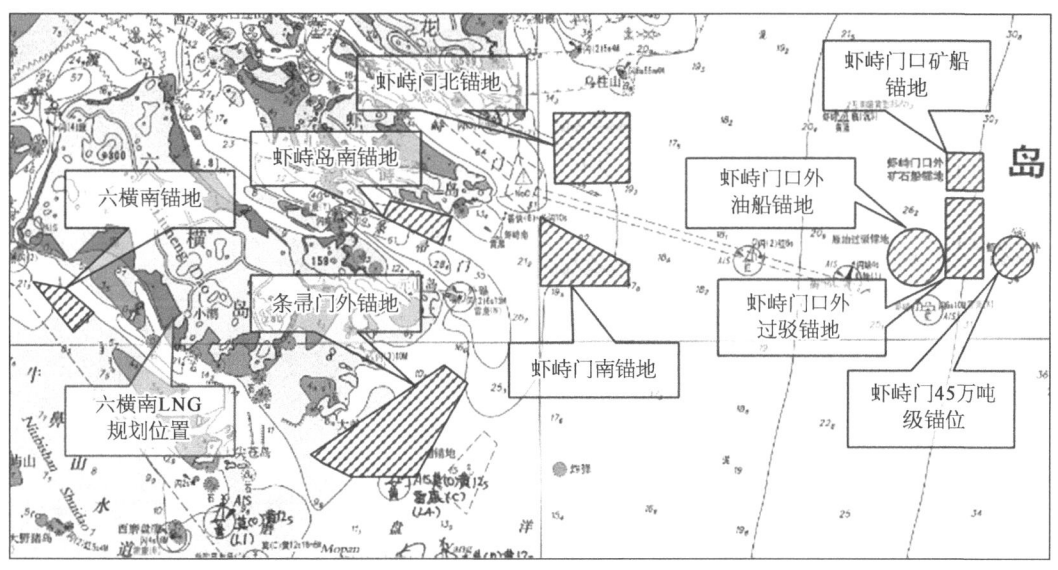

图 5-5 案例三六横岛东南附近锚地分布

5.4.3 岸线

根据《宁波-舟山港总体规划(2014—2030年)》,六横岛西侧黄风咀至短礁咀的 14 320 米岸线,规划为海洋产业及配套码头区,结合临港产业发展需要,配套建设码头泊位,发展海洋产业集聚区,通过滩涂围垦可形成陆域 2 480 万平方米。

5.4.4 船舶流量

六横港区范围包括六横、虾峙、佛渡、凉潭、湖泥山、东白莲、西白莲、金钵盂等桃花岛以南诸岛,以集装箱、煤炭、石油化工品公共运输为主,兼顾矿石中转运输服务和海洋产业集聚发展,是宁波舟山港的主要港区。其中,六横沙头山作业区主要发展临港海洋产业;东白莲、西白莲、金钵盂、虾峙岛以海洋产业发展为主,兼顾港航物流服务。预测六横港区2035年货物吞吐量将达到19 000万吨,其中与本次研究相关的沙头山作业区,2035年货物吞吐量将达到2 000万吨(不包括LNG),在资源全开发情况下,沙头山作业区货物吞吐量将达到3 500万吨(不包括LNG)。

象山港区由鄞州区和北仑区交界,至象山县钱仓青湾山咀。以散、杂货运输和电厂煤炭接卸为主,是宁波舟山港的一般港区。预测象山港区2035年吞吐量为2 500万吨,货物吞吐量与2017年基本保持在一个水平,但通过港口功能调整,象山港区部分货物运输将逐步退出,加强环境保护,因此未来象山港区货物吞吐量不会再有大的增长。即使按照资源全开发工况预测,也是2 500万吨。

预测资源全开发状况下相关港区货物吞吐量6 000万吨,其中货物吞吐量维持2 500万吨,受环保政策限制,港口吞吐量不再扩大;沙头山作业区货物吞吐量达到3 500万吨,比预测2035年货物吞吐量2 000万吨增加1 500万吨。具体分货类分进出口货物吞吐量预测见表5-1。预测2035年相关港区到港运输船舶2 800艘,其中象山港区大约1 700艘、沙头山作业区大约1 100艘;资源全开发工况下,到港散杂货运输船舶3 200艘,象山港区不变,仍然是1 700艘,沙头山作业区增长到大约1 500艘,全部为散杂货运输船舶。

表5-1 案例三相关港区到港散杂货运输船舶艘数预测表

船舶吨级	到港运输船舶艘数/艘		
	合 计	象山港区	沙头山作业区
<2 000	370	250	120
3 000	320	200	120
5 000	350	150	200
10 000	450	300	150
15 000	130	50	80
20 000	180	100	80
35 000	620	500	120
50 000	480	100	380
70 000	250	50	200

续表

船舶吨级	到港运输船舶艘数/艘		
	合 计	象山港区	沙头山作业区
100 000	150		150
合 计	3 200	1 700	1 500

注：预测结果只包含进港运输船舶，不包括渔船、工作船以及该区域的通过船舶。

进出象山港区和沙头山作业区的船舶有南北两个方向，从北方来的煤炭、件杂等货类的 5 万吨级以下船舶大多直接从佛渡水道经过，只有南向的货类和 5 万吨以上船舶才会从南部方向经过，LNG 码头投产后只对从南部方向经过的船舶产生影响。根据对运输船型和流量流向的分析，预测 2035 年大约 1 100 艘、资源全开发状况下大约 1 500 艘船舶经过 LNG 码头前沿，同航道进出的到港运输船舶艘数预测详见表 5-2。

表 5-2 案例三同航道进出的到港运输船舶艘数预测表

船舶吨级	到港运输船舶艘数/艘		
	合 计	象山港区	沙头山作业区
<2 000	100	50	50
3 000	100	50	50
5 000	100	50	50
10 000	160	100	60
15 000	30	10	20
20 000	80	30	50
35 000	140	100	40
50 000	390	60	330
70 000	250	50	200
100 000	150	0	150
合 计	1 500	500	1 000

注：预测结果只包含进港运输船舶，不包括渔船、工作船以及通过该区域的通过船舶。

5.5 水文-气象-通航环境

主要气象水文条件如下：

1) 气温

极端最高气温：38.2℃。

极端最低气温：−6.5℃。

多年平均气温：16.2℃。

2) 降雨

年日最大降水量：226.8 毫米。

年平均降水量：1 223.4 毫米。

年大雨天数(≥50 毫米)：3.3 天。

3) 风

常风向：NW～N 和 ESE～SSE。

常风向频率：36% 和 22%。

强风向：N。

强风向最大风速：>33 米/秒。

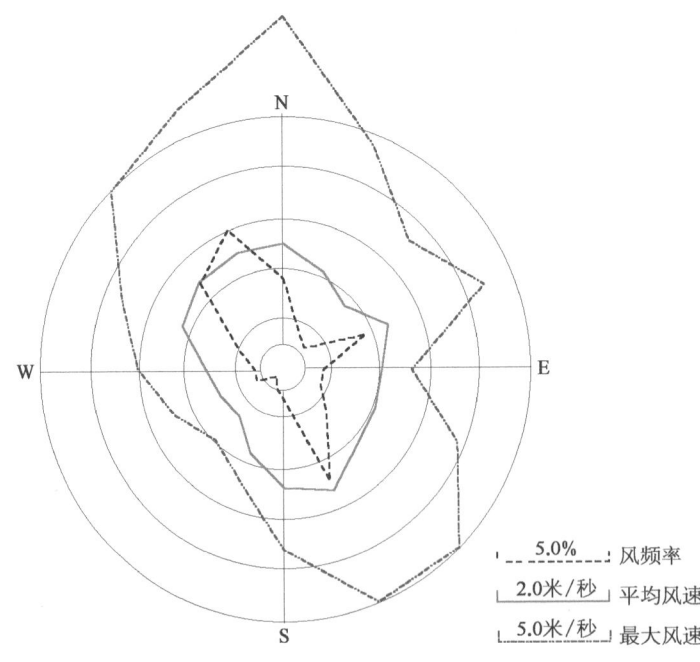

图 5-6　案例三年各风向频率、平均风速和最大风速

4) 雾

港区靠近外海，处于沿海多雾带内，多年平均雾日较高，为 38.0 天。雾日的季节变

化明显,主要集中在春、夏季(2—7月),雾日占全年的90%,其中5月份最高,月平均雾日为9.0天,秋季最少,月平均雾日为0.3天。

多年平均雾日数:38.0天。

历年最多雾日数:52天。

历年最少雾日数:21天。

5) 潮汐

潮位特征值汇总表详见表5-3。

表5-3 案例三潮位特征值汇总表(基面:85高程基准)

潮位特征值	六 横 南
潮汐类型	规则半日潮
最高潮位/米	2.39
最低潮位/米	−1.99
平均高潮位/米	1.58
平均低潮位/米	−1.12
平均潮差/米	2.70
平均海平面/米	0.18
涨潮历时	5小时51分钟
落潮历时	6小时30分钟
资料观测时间	2015.05.04—05.19

6) 波浪

周边港区受东侧的岛屿掩护,港区大部分水域受外海波浪影响不大,大部分规划港区主要受小风区波浪的影响。大浪方向出现在ESE~S方向,在50年一遇重现期情况下,沿线波高H1%一般在5.1~6.4米,最大值为6.39米。

5.6 港口空间结构性能演算系统

结合港区水域自然条件、船舶到港规律、相关规范以及通航管理规则等的客观要求,以船舶运动串联港口航道、锚地、泊位等资源要素,构建港口空间结构性能演算系统。

5.6.1 限航时机

参照2015—2017年统计资料,确定每年限航次数43次,按照月度不平衡性规律随机发生,月度不均衡性参照2015—2017年的月度限航次数平均值进行确定,限航次数详见表5-4、限航时间详见表5-5。

表5-4 案例三限航次数统计　　　　　　　　　　　　　　　　　　　　　单位:次

年份	合计	1	2	3	4	5	6	7	8	9	10	11	12
2015年	44	2	2	3	6	10	14	5	0	0	0	2	0
2016年	46	1	2	5	8	15	7	5	0	1	0	1	1
2017年	40	1	1	1	7	3	7	1	9	3	2	2	3

表5-5 案例三限航时间统计　　　　　　　　　　　　　　　　　　　　　单位:小时

年份	合计	1	2	3	4	5	6	7	8	9	10	11	12
2015年	545.5	9.5	14	123	92.5	60	140	77	0	0	0	29.5	0
2016年	516	24	69	91.5	79.5	124.5	63.5	17	0	24	0	2	21
2017年	292	24	2	2	65	20	40	5	38	29	31	8	28

5.6.2 船舶航路航线

模型构建中采用航道航迹如图5-7所示,具体通航标准设置不同工况进行分析。六横南LNG运输船舶及散货船进出港主要沿A-B-C-D-E-F航道行驶。象山港区散货船进出港主要沿A-B-C-G航道行驶。

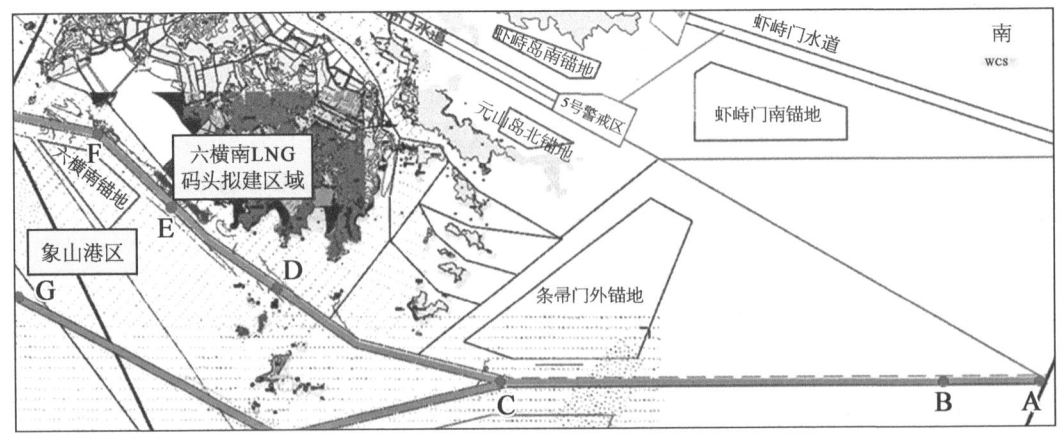

图5-7 案例三六横南模型航道简化示意图

5.6.3 演算系统可视化界面

案例三六横岛附近港口空间结构性能演算系统可视化界面如图5-8所示。

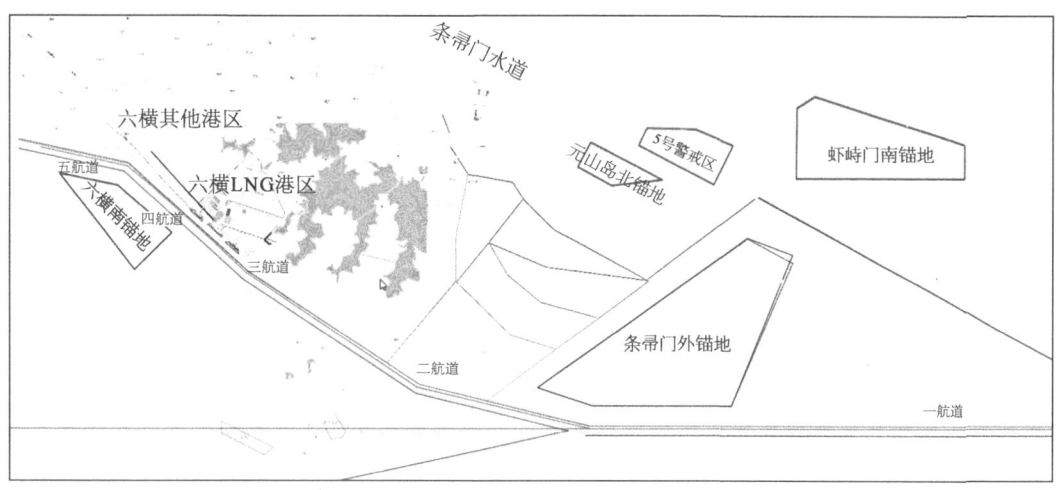

图 5-8 案例三六横岛附近港口空间结构性能演算系统可视化界面

5.7 评价指标体系

围绕不同阶段和情境,结合分析需求,有所侧重地设置了不同的评价指标,对区域港口空间资源利用情况以及船舶运输效率进行综合分析。

5.7.1 岸线充分利用情境的影响评估

仅考虑六横南岸线充分利用情境的影响评估,主要是对 LNG 船舶进出港导致的船舶进出港等待程度进行分析。六横南 LNG 船舶进出港影响一阶段评价指标见表 5-6。

表 5-6 案例三岸线充分利用情境下一阶段评价指标

指标类别	具体指标	指标概述
艘次指标	船舶总等待艘次	全年总进出港受 LNG 船舶进出港影响的船舶等待艘次
	船舶总等待艘次占比	全年总进出港受 LNG 船舶进出港影响的船舶等待艘次占总进出港船舶艘次的比例
	单艘 LNG 船舶导致的船舶等待艘次	单次 LNG 船舶进/出港导致的船舶等待艘次
时间指标	单船平均等待时间	受 LNG 船舶进/出港影响的每一艘船舶等待时间的平均值
综合指标	等待艘次及等待时间综合指标	将受 LNG 船舶进/出港影响的每一艘船舶等待时间进行分布分析,统计得到各单船平均等待时间范围内的船舶等待艘次

5.7.2 远期资源全开发情境的影响评估

综合利用六横南侧及周边共用航道的象山港区的岸线资源，对 LNG 船舶进出港导致的船舶进出港等待进行评估分析。六横南 LNG 船舶进出港影响二阶段评价指标见表 5-7。

表 5-7 案例三远期资源全开发情境下二阶段评价指标

指标类别	具体指标	指标概述
艘次指标	模拟完成的船舶进出港占比	模拟完成的船舶进出港艘次占理论上输入应完成的船舶进出港的比例
	船舶等待艘次曲线	全年总进出港受 LNG 船舶进出港影响的船舶等待艘次随 LNG 运输规模变化的曲线
	船舶等待艘次占比曲线	全年总进出港受 LNG 船舶进出港影响的船舶等待艘次占总进出港船舶艘次之比随 LNG 运输规模变化的曲线
	单艘 LNG 船舶导致的船舶等待艘次	单次 LNG 船舶进/出港导致的船舶等待艘次
时间指标	单艘 LNG 船舶导致的船舶平均等待时间	单次 LNG 船舶进/出港导致船舶等待的平均等待时间
综合指标	等待艘次及等待时间综合指标	将受 LNG 船舶进/出港影响的每一艘船舶等待时间进行分布分析，统计得到各单船等待时间范围内的船舶艘次
分船型	某类船舶等待艘次	各船型的总进出港等待艘次
	某类船舶等待艘次占总等待艘次比例	某类船舶等待艘次占总船舶艘次的百分比
	某类船舶的由单艘 LNG 船舶进出港导致的船舶平均等待时间	各船型受单艘 LNG 船舶进/出港影响的船舶等待时间平均值

5.7.3 港口空间功能优化情境的影响评估

考虑降低 LNG 的总体影响，优先保障 LNG 运输，主要评价指标见表 5-8，重点针对总体影响展开。

表 5-8 案例三港口空间功能优化情境下评价指标

评价对象	指标类别	具体指标	指标概述
总体概况	艘次指标	船舶等待艘次	全年总进出港受 LNG 船舶进出港影响的等待艘次
		船舶等待艘次占比	全年总进出港受 LNG 船舶进出港影响的等待艘次占总进出港船舶艘次的比例
		单艘 LNG 船舶导致的等待艘次	单次 LNG 船舶进/出港导致的等待艘次
	时间指标	单船等待时间	受 LNG 船舶进/出港影响的每一艘船舶等待时间的平均值及最大值
	综合指标	等待艘次及时间综合指标	将受 LNG 船舶进/出港影响的每一艘船舶的等待时间进行分布分析，得到各单船等待时间范围内的等待艘次

续 表

评价对象	指标类别	具体指标	指标概述
分区域	艘次指标	某区域船舶等待艘次	各区域总进出港等待艘次
		某区域船舶等待艘次占总等待船舶比例	某区域船舶等待艘次占总船舶等待艘次的百分比
	时间指标	某区域船舶的单船平均等待时间	各区域受LNG船舶进/出港影响的每一艘船舶等待时间的平均值
分船型	艘次指标	某类船舶等待艘次	各船型的总进出港等待艘次
		某类船舶等待艘次占总等待船舶比例	某类船舶等待艘次占总船舶等待艘次的百分比
	时间指标	某类船舶的单船等待的平均时间	各船型受LNG船舶进/出港影响的每一艘船舶等待时间的平均值

5.8 港口空间结构迭代优化

首先,结合港口实际条件划分研究区域,初步确定研究重点保障货类为LNG运输;然后,基于多智能体复杂系统的仿真方法,建立不同的仿真情境模型,协同分析港区航道、锚地及泊位资源条件;接着采用单一变量控制法等不同情境下,对船舶进出港作业全过程进行仿真模拟,定量分析重点保障货类船舶的通航效率及船舶进出港影响;再以港区运行效率较大化、重点保障货类通航效率较优为原则,进行迭代分析,对规划方案进行动态修正和方案优化;最终确定合理的港口空间结构布局以及重点货类的布局规模。

5.8.1 情境一: 岸线充分利用情境

1) 设置只考虑岸线充分利用的情境

仿真模拟岸线充分利用时的船舶进出港全过程,研究区域重点货类LNG运输船舶进出港效率,分析LNG船舶进出港影响,研判航道对区域重点货类LNG运输的承载能力,进而确定区域重点货类LNG码头合理的运输规模阈值。研究中LNG码头运输量500~2500万吨/年共设置9种工况,旨在充分反映通航效率随LNG码头运输量变化趋势规律。具体工况详见表5-9。

考虑未来进出目标港区的有南北两个方向,从北方来的煤炭、件杂等货类的5万吨级以下船舶大多直接从北侧经过,只有南向的货类和5万吨以上船舶才会从南部方向经过,LNG码头投产后只对从南部方向经过的船舶产生影响。目标港区的其他运输货类重点考虑干散货类的运输。

表5-9 案例三仅考虑岸线充分利用时工况设置

工况编号	重点货类LNG码头运输量/(万吨/年)	
	总量	水水中转量
工况1	500	100
工况2	750	150
工况3	1 000	200
工况4	1 250	250
工况5	1 500	300
工况6	1 750	350
工况7	2 000	400
工况8	2 250	450
工况9	2 500	500

船舶等待艘次评估主要有全年船舶等待艘次及占比指标(为全年受LNG船舶通航影响的等待船舶的艘次及占总通航船舶艘次的百分比)及单船影响艘次指标(LNG船舶单次通航影响的船舶艘次的平均值)。各工况到港船舶总艘次为1 100~1 500艘。

全年船舶等待艘次及占比均随LNG码头运输量增多呈现先快速增大、后减速增大的类"S"形趋势,全年船舶等待艘次占比随LNG码头运输量的变化曲线如图5-9所示。可知LNG码头运输量在1 200~1 700万吨/年这个阈值区间时,船舶等待艘次及占比增幅相对较大,说明该阈值区间内LNG船舶通航对港区船舶影响较为敏感。尤其是,LNG码头运输量达到1 500万吨/年时,全年船舶等待艘次达236艘,全年船舶等待艘次占比达

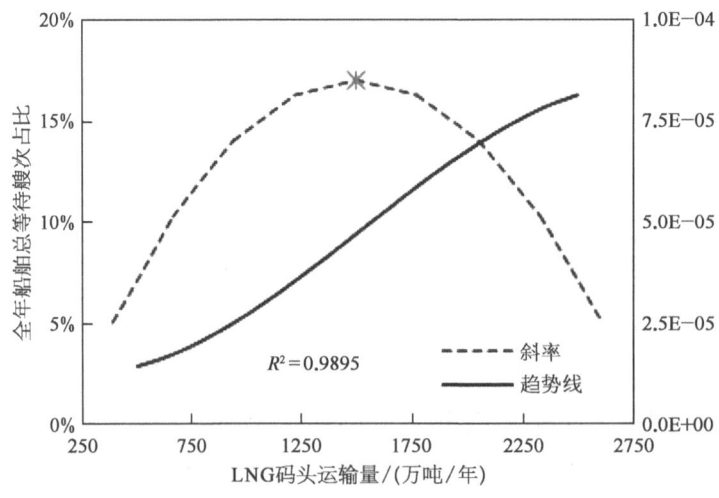

图5-9 案例三情境一下船舶等待艘次占比曲线

10%,此时船舶等待艘次和占比的增长速率均达到最大。而在LNG码头运输量达2 000万吨/年后,受航道通过能力限制,由于不能进港的船舶艘次增加,在进港船舶中LNG船舶导致等待的总船舶艘次增长缓慢,泊位占用情况逐渐趋于饱和。此外,单船影响艘次随运量呈现从1.5艘至2.4艘逐渐增加的趋势。

2) 船舶等待时间评估

船舶等待时间主要评估单船平均等待时间(受LNG船舶通航影响的所有船舶的平均等待时间)及船舶等待时间概率分布(受LNG船舶通航影响下的船舶等待时间范围发生概率百分比)。情境一等待船舶的单船平均等待时间随LNG码头运输量的变化曲线如图5-10所示,船舶等待时间概率分布如图5-11所示。可知约60%艘次的船舶等待时间主要集中在0~4小时范围内;随LNG码头运输量的增大,单船等待时间大于10小时的船舶等待艘次越来越高,LNG船舶进出港对港区船舶的影响程度逐渐加重。当LNG

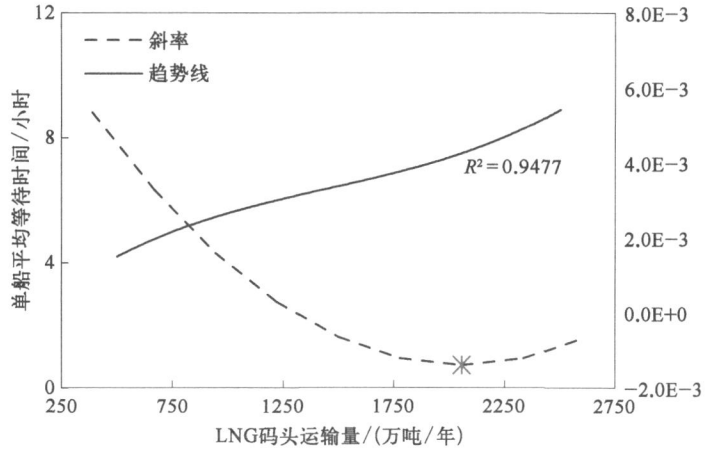

图5-10 案例三情境一下单船平均等待时间曲线

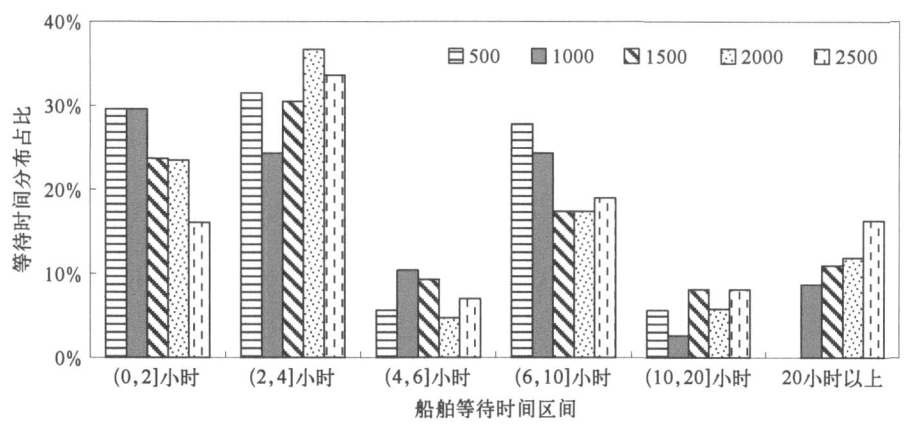

图5-11 案例三情境一下船舶等待时间概率分布

码头运输量达到约 2 000 万吨/年时,单船平均等待时间增长速率最小,而当 LNG 码头运输量达 2 000 万吨/年以后,受航道通过能力限制,导致船舶平均等待时间迅速增大,极大地制约了船舶通航效率。

3) 分船舶类型影响评估

分船舶类型影响主要评估各类船舶等待艘次(受 LNG 船舶通航影响的各类型船舶等待艘次)及各类船舶平均等待时间(受 LNG 船舶通航影响的各类型船舶平均等待时间)。情境一中各类型船舶的等待艘次随 LNG 码头运输量变化如图 5-12 所示,平均等待时间如图 5-13 所示。各类船舶的等待艘次均随着 LNG 码头运输量的增加呈增加趋势,尤其是 LNG 接卸船和 LNG 中转船的等待艘次快速增长,说明 LNG 船舶进出港对自身影响逐渐加剧。散杂货船的影响艘次较多,但等待时间基本在 4~7 小时。而 LNG 接卸船舶虽然影响艘次仅几艘,但等待时间较长。

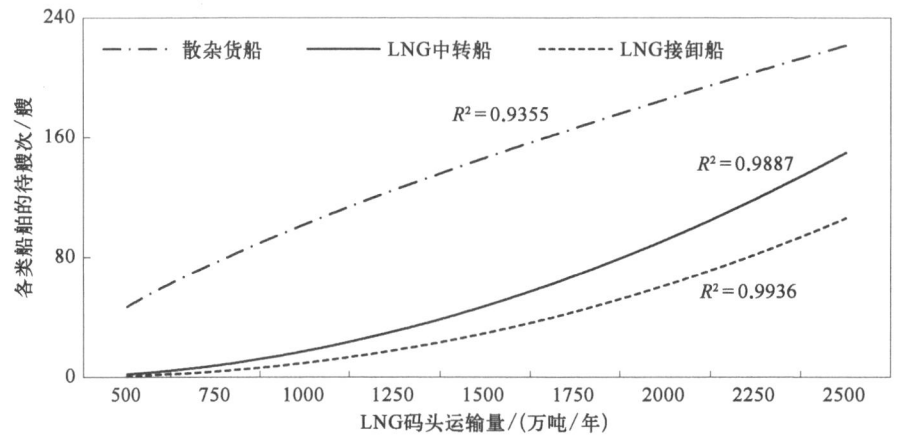

图 5-12 案例三情境一下各类船舶等待艘次曲线

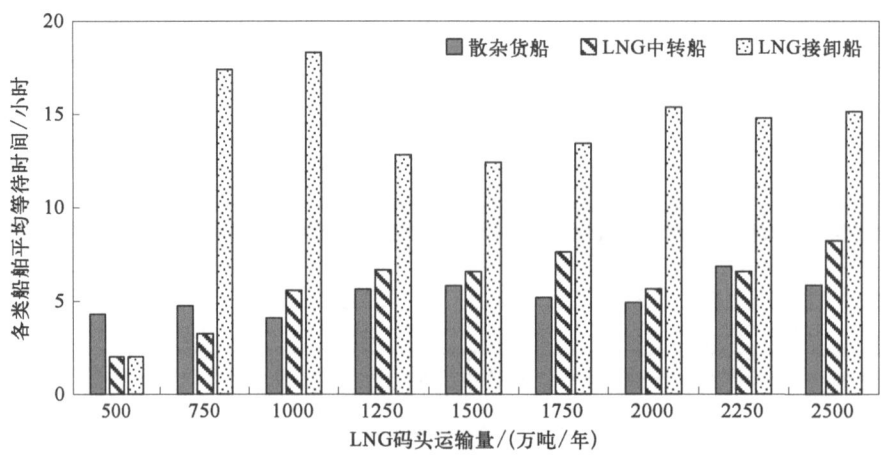

图 5-13 案例三情境一下各类船舶平均等待时间

5.8.2 情境二：远期区域资源完全开发情境

分析框架模拟远期区域资源完全开发情境是指综合本区域和周边共用航道资源相关区域，在情境一合理的 LNG 码头运输量阈值基础上，再进行情境二的工况设置，进一步确定在大范围中，重点货类 LNG 运输的码头合理布局规模。

周边共用航道资源相关区域分吨级到港运输船舶预测情况见表 5-10。

表 5-10 案例三周边共用航道资源港区到港散杂货运输船舶艘数预测表

船舶吨级	目标港区其他货类/艘
<2 000	50
3 000	50
5 000	50
10 000	100
15 000	10
20 000	30
35 000	100
50 000	60
70 000	50
合　计	500

远期区域资源完全开发情境主要综合考虑远期通过南部航道进出港的相关船舶通航情况。根据情境一的分析，当 LNG 码头运输量在 1 200~1 700 万吨/年范围时，区域船舶通航对 LNG 码头运输量更加敏感，即更易受到 LNG 船舶的通航影响。当 LNG 码头运输量达到 1 500 万吨/年时，全年船舶等待艘次占比已超过 10%，其增速也较大，且 LNG 接卸船的等待时间达 10 小时。由于 LNG 船舶不能夜航，过长等待时间会导致 LNG 船舶需在锚地或外海过夜，会极大地增加监管风险。故现阶段 LNG 码头运输量不宜超过 1 500 万吨/年。考虑到岸线资源充分利用，集中集约布局 LNG 码头，情境二设定两种工况，工况 F1 的 LNG 码头运输量为 1 250 万吨/年，其中水水中转量 250 万吨/年；工况 F2 的 LNG 码头运输量为 1 500 万吨/年，其中水水中转量 300 万吨/年。情境二等待船舶的单船平均等待时间概率分布如图 5-14 所示，分船舶类别的等待艘次及时间如图 5-15 所示。

研究表明，LNG 码头运输量为 1 200 万吨/年左右时，LNG 船舶通航对相关港区的影响基本可接受，年船舶等待艘次约 210 艘、单船影响艘次为 2.1 艘、平均等待时间约 4.6 小时，LNG 接卸船的平均等待时间也仅 4.6 小时。但当 LNG 码头运输量达到 1 500 万吨/年时，相关区域其他船舶流量有限，其影响基本可控，但由于航道较长，在一定的通航管控措施条件下，LNG 船舶的进出港制约现象明显，LNG 接卸船舶的平均等待时间超过 10 小时，LNG 船舶进出港对 LNG 船舶自身进出港的影响不可忽视。

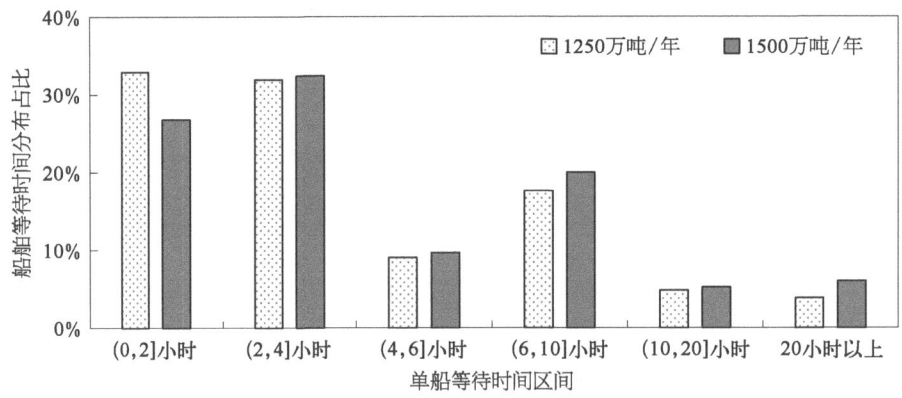

图 5-14　案例三情境二下船舶等待时间概率分布

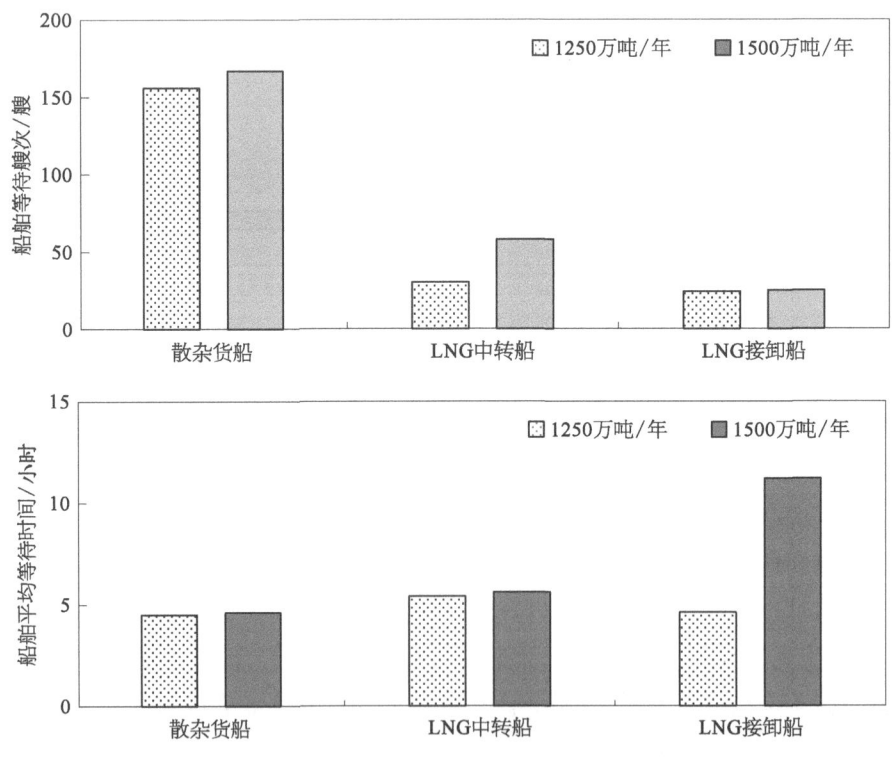

图 5-15　案例三情境二下各类船舶等待艘次和平均等待时间

分区域影响来看，两种工况均对目标港区岸线船舶影响较大，目标港区船舶进出港等待艘次占比高达 85%，平均等待时间均超过 5 小时；而对相关区域的影响较小，相关区域船舶与目标港区船舶进出港同用航段不长，船舶进出港等待艘次约在 32 艘，平均等待时间在 2 小时左右。

5.8.3 情境三：港口空间功能优化情境

为减少LNG船舶进出港对港区的整体影响并保障LNG运输，在情境二的基础上进行优化分析，并评估优化工况下重点货类LNG船舶的通航影响。

由情境二结果可知，LNG船舶通航对目标港区的其他船舶影响艘次较多，而LNG码头运输量达到1500万吨/年时对自身的影响也相对较大。鉴于该段岸线主要围绕LNG码头布局，重点保障LNG运输，适量减少其他类型船舶运输量，可降低航道通行压力。

此外，现阶段根据海港行驶的小型LNG中转船舶的试运行情况来看，其监管规则主要参考大型LNG运输船舶，随着相关管理和航行经验的累积、航道运输压力日益增大，对小型LNG船舶监管规则有进一步优化可能。

本章从优化区域货类运输布局以及小型中转LNG船舶监管规则两方面提出了优化措施，情境三工况设置详见表5-11。

表5-11 案例三情境三工况设置

工况编号	LNG码头运输量/(万吨/年)		优化措施
	运输规模	水水中转	
工况F1-O1	1 250	250	目标港区散杂货船舶流量减少10%
工况F2-O1	1 500	300	
工况F1-O2	1 250	250	LNG小型中转船单向通航，其他船舶可尾随进出港
工况F2-O2	1 500	300	

两种优化措施均有一定效果。两种优化措施单船影响艘次为1.8~2.1艘，优化后LNG船舶进出港影响的船舶等待艘次减少9~32艘、占比减少0.3%~1%。相比较而言，① 优化措施O1减少目标港区散杂货船流量改善效果更优，目标港区船舶的平均等待时间可减少0.6~0.7小时，两个区域船舶等待艘次及时间如图5-16所示。② 优化措施O2

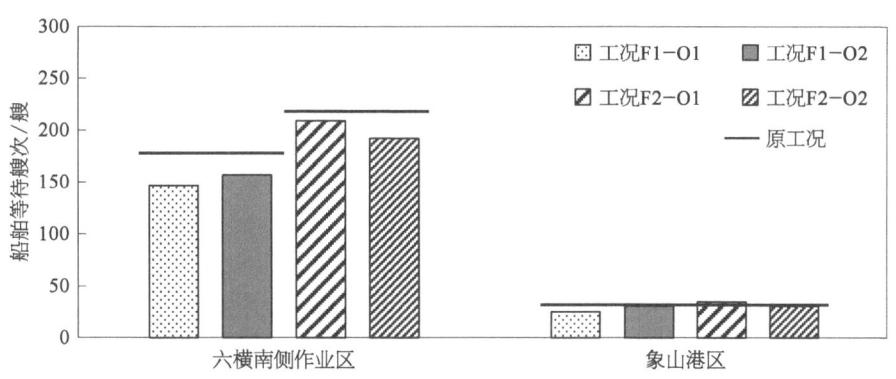

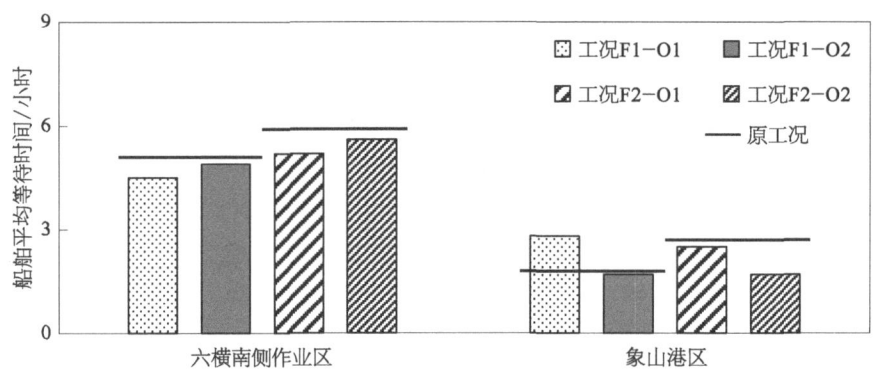

图 5-16 情境三下两区域船舶的等待时间艘次和等待时间与原工况对比

改变小型中转船监管规则对 LNG 运输船舶等待时间的改善效果更优,尤其是在 LNG 运输量 1 500 万吨/年时,LNG 大型接卸船舶等待时间可减少 5 小时,不同类别船舶等待艘次及时间如图 5-17 所示。

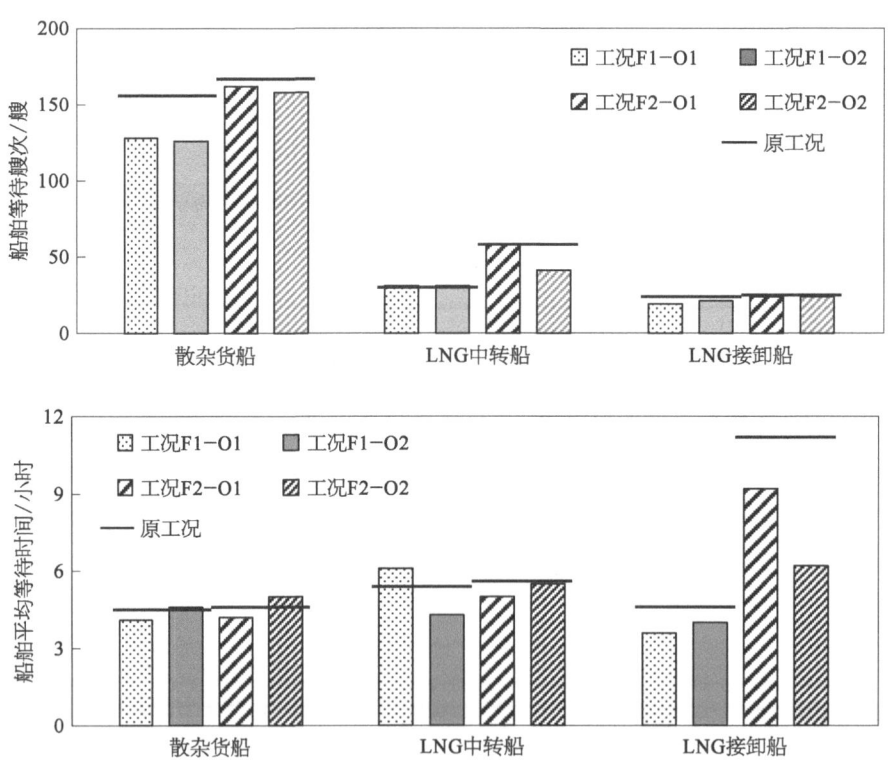

图 5-17 情境三下各类船舶的等待艘次和等待时间与原工况对比

故适量控制散杂货船舶艘次可以在一定程度上降低航道压力,但当 LNG 运输量较大时,需考虑优化 LNG 运输船舶监管规则,针对性地控制等待船舶时间,进而减缓对 LNG 船舶通航的影响。

5.9 主要应用效果

针对某新建港区布局规划,通过定量分析及功能布局的优化,围绕目标货类重点保障运输的需求,可以得到如下结论:

(1) 在一定通航管控措施下,目标港区 LNG 码头运输规模不超过 1 200 万吨/年较合理

在 LNG 运输船舶进出港单向通航且提前清空航道的通航管控措施条件下,当六横 LNG 码头运输量达到 1 500 万吨/年时,LNG 船舶进出港对自身影响凸显,协同考虑象山港区相关区域资源完全开发,相关航道承载能力已基本趋于饱和。为保障区域船舶运输效率,目标港区岸线的 LNG 码头运输规模以 1 200 万吨/年为宜。

(2) 适当控制 LNG 水水中转外输量、其他货类泊位数量及货运量

适当控制水水中转外输量,科学搭配 LNG 接卸与 LNG 转运泊位,高效利用岸线资源,确保 LNG "运进来"和"输出去"。此外,减少目标港区其他船舶运量的优化措施对降低船舶等待时间有较好效果。为了满足 LNG 泊位、航道、回旋水域的空间需要,且为 LNG 码头规模化发展留有余地,建议在进行岸线规划时适当控制其他货类泊位数量及货运量。

(3) 未来结合区域运营的实际需要,可针对性采取通航管制、系统调度等优化措施

目前小型 LNG 中转船舶监管无特定标准,针对 LNG 运输船舶通航相互之间存在一定制约和影响问题,若小型 LNG 中转船舶仅控制单向通航但不提前清空航道,可有效减轻 LNG 运输船舶通航影响。此外,在保障安全前提下,可进一步研究船舶组队进出港、错峰错时通航等优化措施,从而降低 LNG 运输船舶对相关作业区船舶通航影响。

本案例是宁波舟山港六横港区沙头山作业区规划调整方案的重要支撑,对布局 LNG 接收站的可行性以及布局规模、LNG 货类与其他货类的配置比例、港区总体时空结构的优化具有重要的指导意义。

2021 年 8 月 24 日,宁波舟山港六横港区沙头山作业区规划调整方案通过交通运输部和浙江省人民政府联合审查,于 2022 年 7 月获得批复,对支撑宁波舟山港 LNG 登陆中心建设、进一步发挥宁波舟山港在服务浙江自由贸易试验区油气全产业链开放发展中的作用、优化我国能源结构调整、保证长三角能源安全方面具有重要意义。中石化浙江舟山六横 LNG 项目和浙能舟山六横液化天然气接收站项目作为宁波舟山 LNG 接收中心和国家油气储运基地的重点项目,均已纳入《浙江省煤炭石油天然气发展"十四五"规划》《浙江省重大建设项目"十四五"规划》等。

6

港口多运输目标协同优化案例

本章重点论述基于船舶行为链的港口空间结构优化关键技术应用到港口多运输目标协同优化的实践成果，为港口多运输目标协同优化提供了科学的技术方案。港口发挥的效率受航道、锚地、泊位等多重资源配置制约，也受到船舶通航规则及管理措施的影响。面向港口多目标运输需求，尤其是大型船舶、特殊监管船舶等特殊通航要求的船舶运输需求，考虑区域围填海政策等因素，围绕从优化码头选址、优化航道布局、优化港口资源配置等角度开展规划方案论证和迭代分析，提升港口资源利用效率以及船舶在各港口资源要素中的活动效率。

例如，针对黄骅港散货港区大型原油码头和 LNG 码头选址，从远期港口通过能力、航道服务水平以及航道宽度和深度的合理性上进行初判，然后采用不同通航组织优化措施进行评估研究，参考船舶通航效率指标阈值评价船舶通航效率，为黄骅港大型原油码头以及 LNG 码头等的资源配置以及运输规模确定提供支撑，相关黄骅港散货港区液体散货码头作业区规划方案调整已于 2022 年 9 月获沧州市人民政府批复。在营口港围绕 VLCC 船舶和 CAPSIZE 矿石船等需要乘潮、有窗口期条件限制的大型船舶，以及有一定通航管制要求的 LNG 船舶开展了船舶通航影响以及 LNG 码头选址论证，提出了营口港规划方案优化建议，相关成果被采纳，支撑了营口市人民政府关于营口仙人岛港区 LNG 码头规划调整方案于 2020 年获得批复。

以黄骅港散货港区为例。黄骅港位于渤海湾南部，毗邻京津，成为我国西煤东运、北煤南运的重要枢纽港口，也是区域综合交通网络的重要节点和对外贸易口岸，在河北中南部及朔黄铁路沿线地区的能源、原材料和对外开放中发挥了重要作用，在区域港口群中的地位不断提升。

6.1 目标港口及项目背景简介

黄骅港散货港区位于综合港区东侧，是承担黄骅港矿石、油品等大宗物资运输功能的主要港区。其采用大顺岸布置形式，2014 年 20 万吨级航道、20 万吨级矿石码头、邯黄铁路同步建成投产，形成矿石卸船能力 3 000 万吨。

与散货港区共用航道的是综合港区，是承担黄骅港集装箱、粮食、钢铁、油品等综合物资运输功能的主要港区。采用突堤与港池相结合的布置形式，2011 年起步工程 4 个多用途、4 个通用泊位、10 万吨级航道及防波堤工程建成投产，黄骅港的综合运输功能和对腹地经济发展的带动作用明显加强。黄骅港散货港区发展现状如图 6-1 所示。

6 港口多运输目标协同优化案例

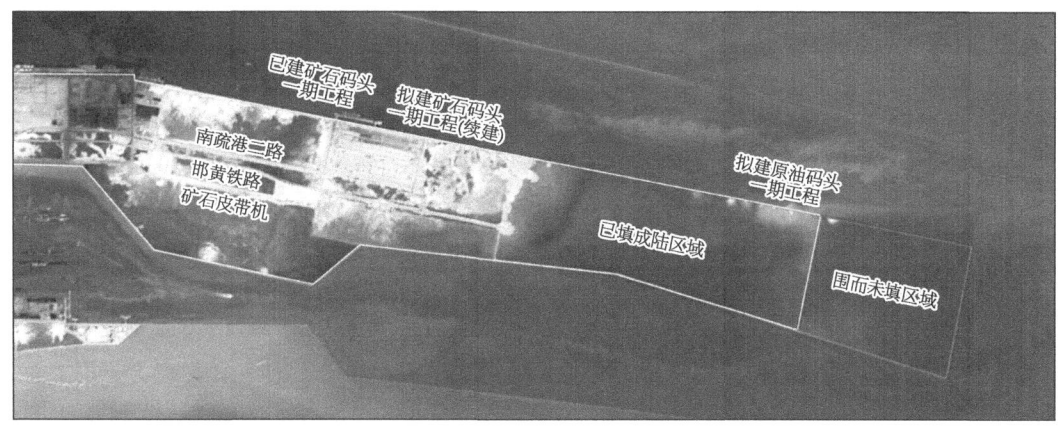

图 6-1 案例四黄骅港散货港区发展现状

为促进京津冀地区天然气产供储销建设,切实保障北方地区天然气供应安全,河北金建佳天然气有限公司拟在黄骅港建设 LNG 接收站。该 LNG 项目拟选址于黄骅港散货港区,前期选址在该港区的大型液体散货作业区东部,建设 1 个 17.5 万立方米 LNG 接卸泊位(码头结构按 26.7 万立方米 LNG 船设计),LNG 接收站建设规模约 300 万吨/年,接收站 LNG 船舶将通过黄骅港综合港区及散货港区深水航道进出港。受国家围填海政策严控的限制,近期拟在已经成陆区域内对 LNG 码头进行重新选址。黄骅港液化天然气(LNG)项目选址位置如图 6-2 所示。为进一步统筹利用岸线资源,合理布局大型原油以及 LNG 泊位,结合不同航道资源条件,开展了面向黄骅港散货港区的港口资源综合优化分析。

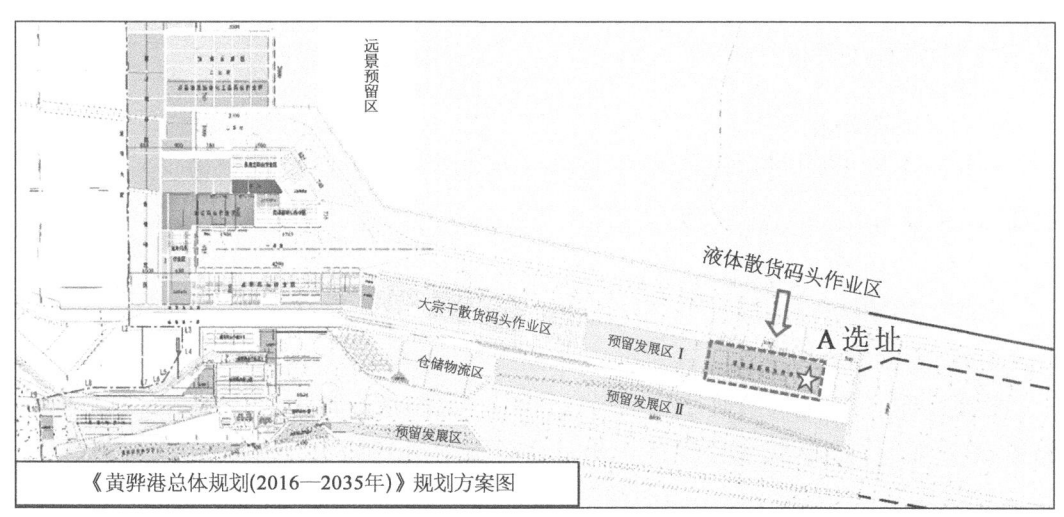

(a) 前期选址位置(A选址)

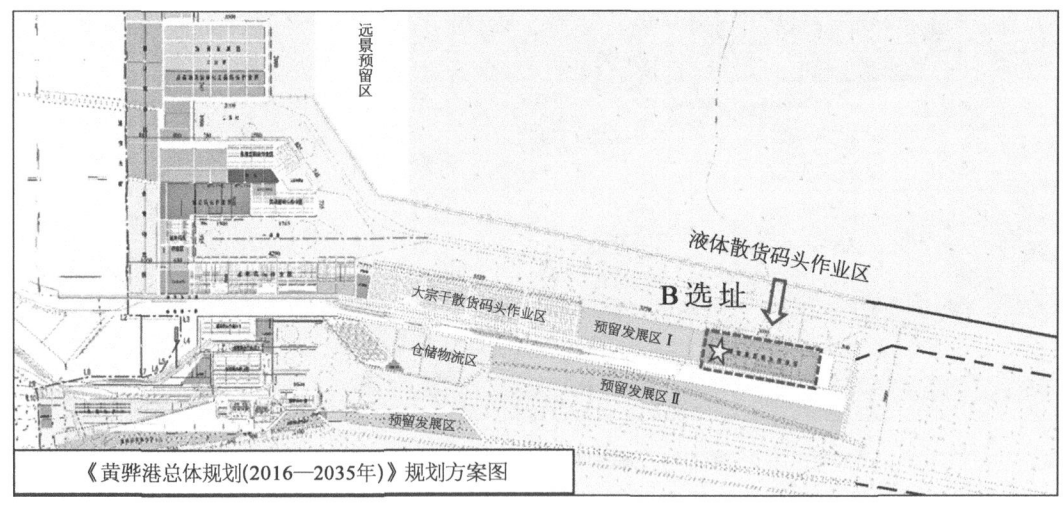

(b) 最新选址位置(B选址)

图 6-2　案例四黄骅港液化天然气(LNG)项目拟建位置

6.2　研究技术路线

案例四港口多运输目标协同优化案例技术路线如图 6-3 所示。

6.3　船舶行为链分析

筛选 2018 年 4 月 1—14 日的黄骅港散货港区及综合港区船舶 AIS 数据深度挖掘船舶行为。

6.3.1　船舶到港

根据分析,整个港区包括工作船等非生产船舶以及生产性船舶在内,散货港区以及综合港区日船舶到港数在 10~90 艘的范围内变化。

6.3.2　船舶航行

船舶典型运动轨迹如图 6-4 所示,不同船舶上线点略有不同。

航速方面,船舶进出港航速约 11 节,船舶分货类航速如图 6-5 所示。成品油运输船、散货船、杂货船、集装箱船的进出港平均航速分别约 10.5 节、10.2 节、10.2 节、12.6 节。

以散货船和集装箱船为代表的航行过程中航速变化情况如图 6-6 所示。

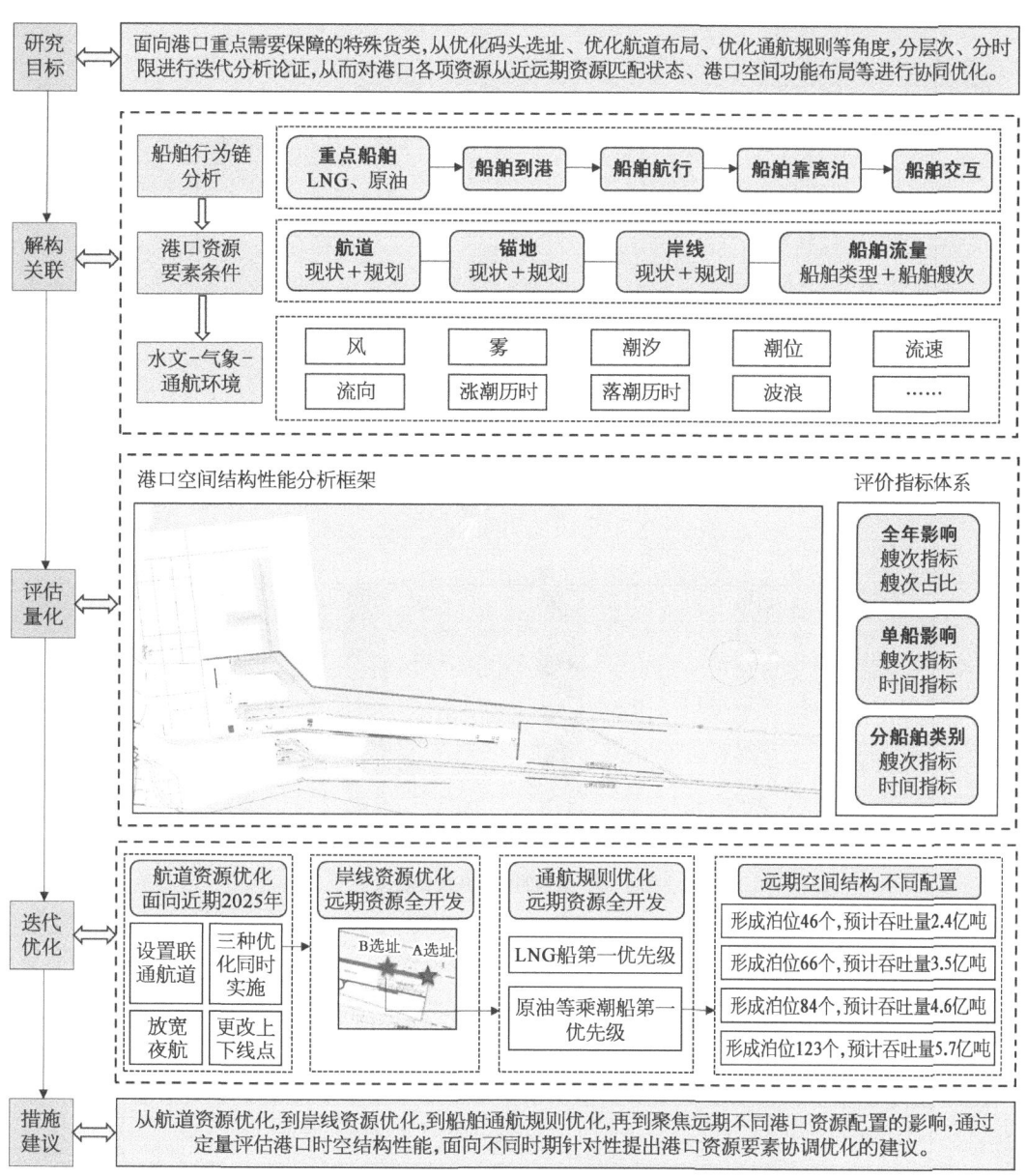

图 6-3 案例四港口多运输目标协同优化案例技术路线

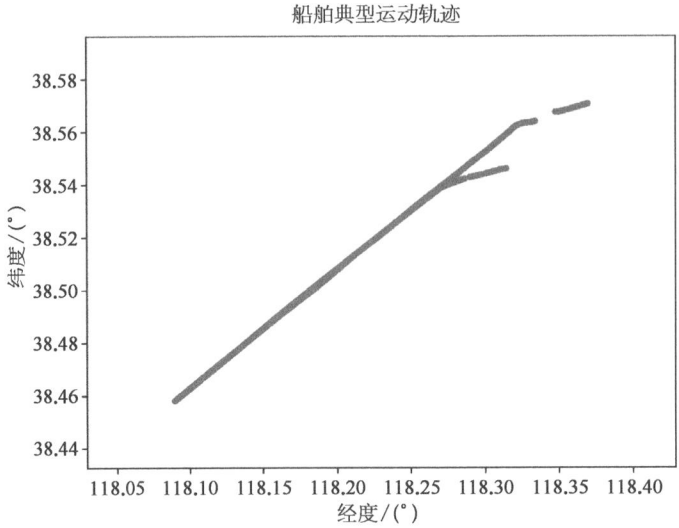

图 6-4 案例四船舶典型运动轨迹

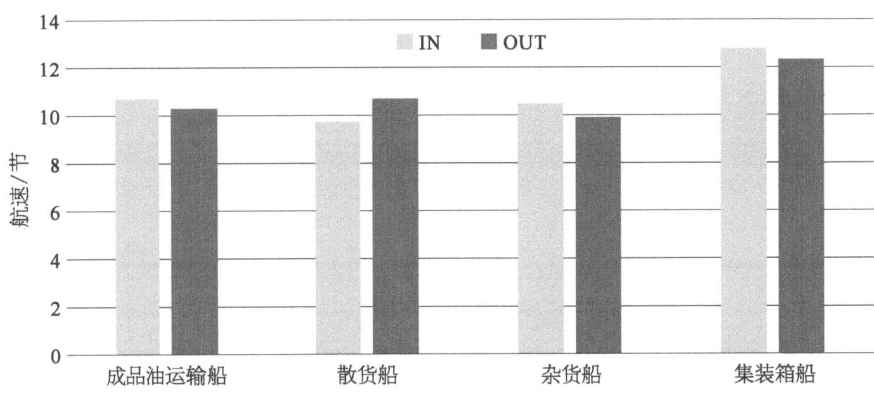

图 6-5 案例四船舶分货类航速

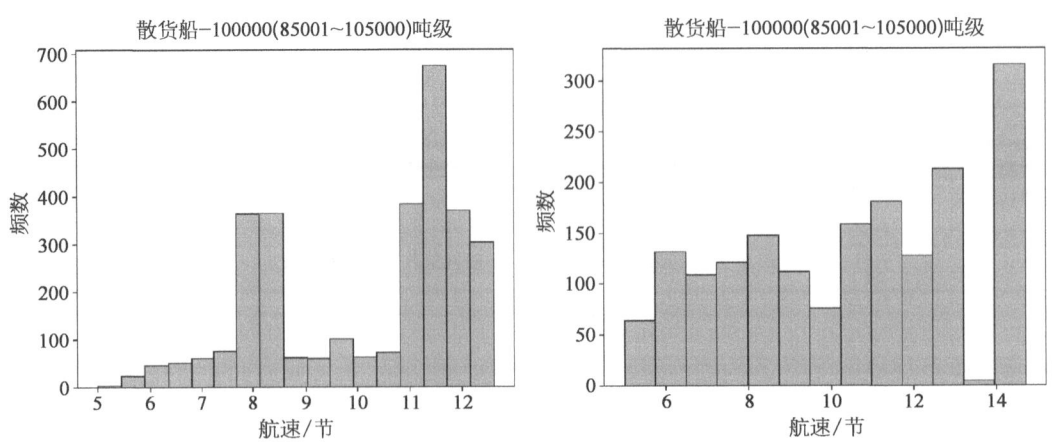

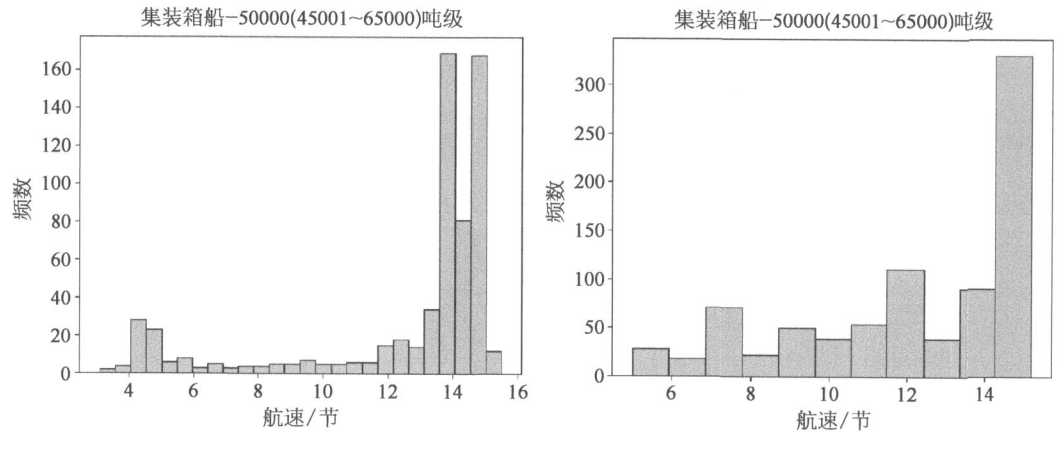

图6-6 案例四典型船舶航道航行航速分布

6.3.3 船舶靠离泊

靠离泊空间方面,不同船舶平均靠泊空间约221.9米,平均离泊空间约192.2米。

靠离泊时间方面,不同船舶平均靠泊时间约20.9分钟,集装箱船舶平均离泊时间约18.0分钟。

在泊时间方面,不同船舶平均在泊时间如图6-7所示。生产性船舶平均在泊时间约34.8小时。其中,集装箱和散货船平均在泊时间较长,分别为68.2小时、49.4小时。

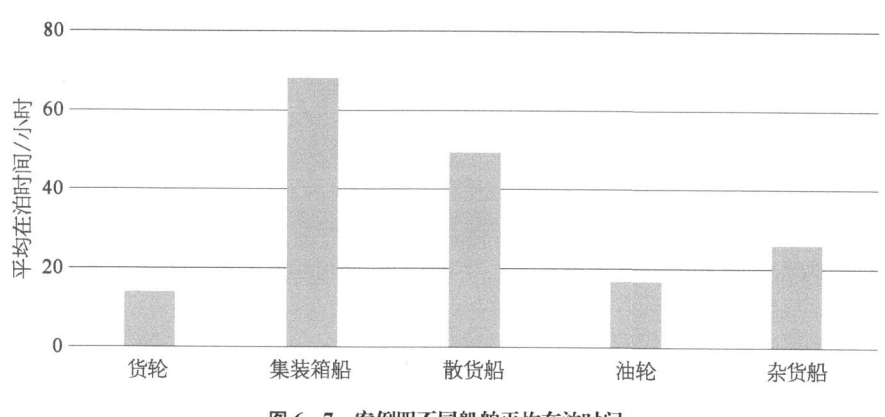

图6-7 案例四不同船舶平均在泊时间

6.3.4 船船交互

重点围绕船舶交叉相遇行为、船舶对遇行为、船舶追越行为的识别、发生频次统计、会遇场景简析以及会遇密度开展研究。

船船交互类型方面,航道航行水域中,非生产性船舶较多,占76%;生产性船舶以散货船为主,占16%;其他还有集装箱、杂货船以及成品油运输船等。船船交互类型分布如

图 6-8 所示。

船船交互方面,54%船舶会遇发生在白天,船船交互时间分布如图 6-9 所示。

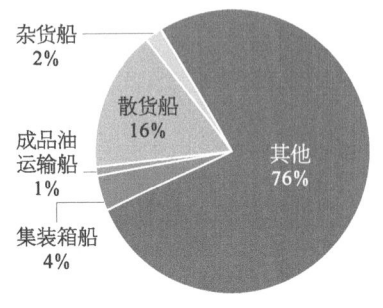
图 6-8 案例四船船交互类型分布

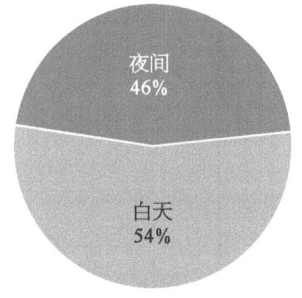
图 6-9 案例四船船交互时间分布

会遇态势方面,44%为船舶追越行为,27%为船舶小角度交叉相遇,8%为船舶大角度交叉相遇,20%为船舶对遇,船船交互态势分布如图 6-10 所示。

总体船船交互态势热力分布如图 6-11 所示。

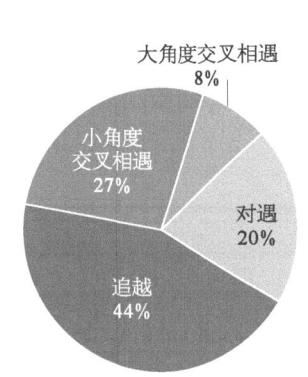
图 6-10 案例四船船交互态势分布

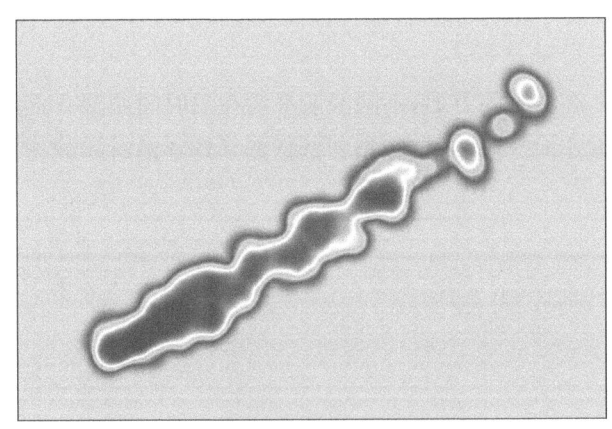
图 6-11 案例四总体船船交互态势热力分布

6.4 港口资源要素条件

结合近期发展需求,展望两个远期港口资源开发阶段:

(1) 港口资源开发阶段 1,即散货港区、一港池及二港池的规划港口岸线资源全部开发并投入应用阶段。

(2) 港口资源开发阶段 2,即散货港区、一港池、二港池及三港池的规划港口岸线资源全部开发并投入应用阶段。

不同港口资源开发阶段如图 6-12 所示。

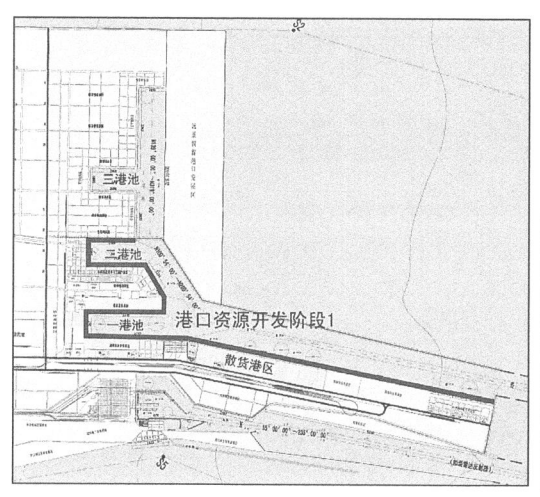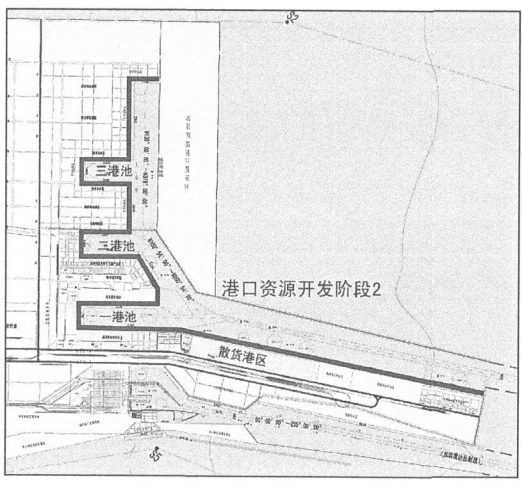

图 6-12　案例四港口资源开发阶段图

6.4.1　航道

1）航道现状

散货港区与综合港区共用一条进港航道,综合港区起步工程航道规模为 10 万吨级散货船乘潮单向通航,此后分两期拓宽、浚深至 20 万吨级,目前进港航道底高程—18.3 米,航道通航宽度 250 米(口门附近航道通航宽度 280 米),边坡 1∶5,航道总长度 56.8 千米,可满足 20 万吨级散货船乘潮进出港要求。

2）航道规划

散货港区航道目前已经能够满足 20 万吨级干散货船乘潮进港要求,近期在维持现有航道轴线不变的基础上,向两侧拓宽,满足 30 万吨级原油船减载乘潮进港、10 万吨级干散货船双向通航要求,并适时启动南防沙堤延伸工程。远期可结合海域通航条件、港口发展需求,进一步提升通航等级。

加强液化天然气船舶对港区通航影响的改善及应急措施研究,待 LNG 船舶严重影响其他船舶通航时,研究建设散货港区、煤炭港区航道之间的联通航道,并建立两条航道进出港船舶统一调度系统,减少 LNG 船舶对其他船舶的通航影响。综合港区、散货港区航道示意图(含规划锚地)如图 6-13 所示。

6.4.2　锚地

综合港区和散货港区 20 万吨级航道工程实施过程中,航道轴线于—15 米水深处向北偏转 13°,原规划中北侧锚地沿航道北侧布置、且 5♯ 及 6♯ 锚地与海底管线安全间距不满足要求。此外,按照监管要求需要设置一处 LNG 专用锚地,综合上述需求对北侧锚地进行调整。

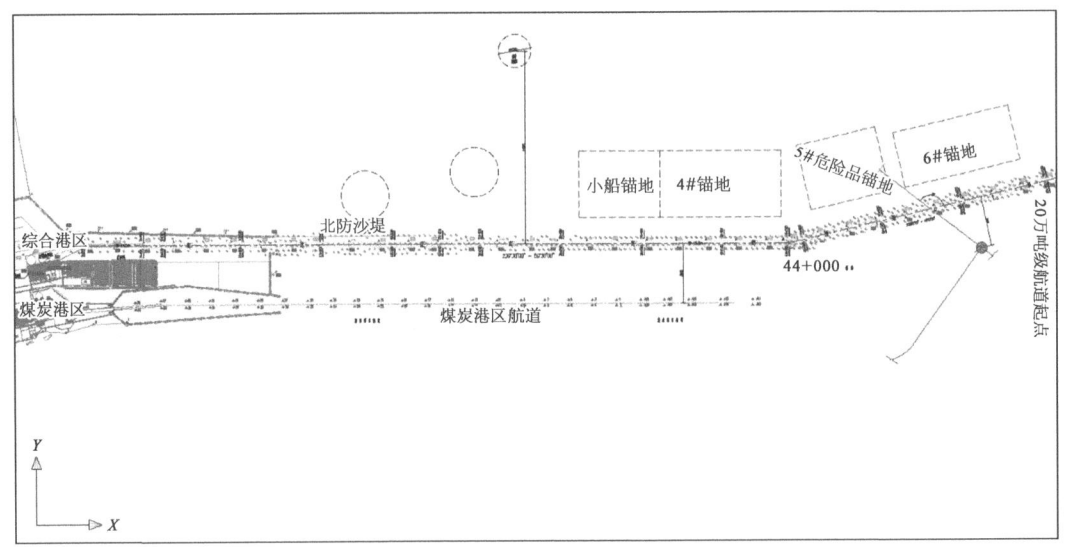

图 6-13　案例四综合港区、散货港区航道示意图(含规划锚地)

5♯锚地受海底管线切割严重、可用面积小,考虑到 LNG 船舶到港密度不大、所需锚地面积不大,调整 5♯锚地范围,作为 LNG 专用锚地。相应扩大 4♯锚地范围,并将其划分为 4A♯、4B♯两部分,其中 4A♯主要供散货港区、综合港区 5 万吨级及以下中小型船舶使用,4B♯为危险品船专用锚地。按照海底管线范围要求,调整 6♯锚地范围,主要供散货港区、综合港区 5 万吨级以上船舶使用。

6.4.3　泊位

1) 泊位现状

综合港区尚处起步发展阶段。截至 2018 年底,港区共建成泊位 15 个,包括 4 个 5 万吨级多用途泊位、8 个 5 万吨级通用散货泊位、1 个 10 万吨级通用散货泊位、2 个 20 万吨级矿石专用泊位,总通过能力约 6 300 万吨。

2) 泊位规划

综合港区位于散货港区西侧,沿自然岸线向北发展,采用港池和突堤相间的布置形式。综合港区主要规划情况详见表 6-1,划分为通用码头作业区、滚装码头作业区、集装箱码头作业区、多用途码头作业区、成品油及液体化工品码头作业区、港口堆场、仓储物流区、公共配套区、支持系统、预留发展区 10 个功能区。综合港区近期重点开发南部已建防波堤掩护的一港池、二港池区域,待开发完毕后,拆除二港池北侧防波堤,继续向北发展。

表 6-1 案例四综合港区主要规划指标表

功能区	泊位个数	岸线长度/米	面积/万平方米
合　计	49	26 630	4 313
1. 通用码头作业区	21	5 830	506
2. 滚装码头作业区	4	1 500	213
3. 集装箱码头作业区	5	1 745	103
4. 多用途码头作业区	4	1 500	135
5. 成品油及液体化工品码头作业区	15	3 750	326
6. 仓储物流区			232
7. 港口堆存区			551
8. 公共配套区			74
9. 支持系统区		745	36
10. 预留发展区		11 560	2 137

注：规划指标不含远景预留区。

6.5 水文-气象-通航环境

主要气象水文条件如下：

1) 风

黄骅新村气象站实测资料统计分析表明，本区常风向为 E 向，次常风向为 SW，其出现频率分别为 10.54% 和 9.83%；强风向为 E 向和 ENE 向。本区全年各向≥6 级风的频率为 4.87%，年内各月大于 6 级风出现次数详见表 6-2。

表 6-2 案例四大风出现次数月变化表

月　份	1月	2月	3月	4月	5月	6月	7月	8月	9月	10月	11月	12月
次　数	1	1	4	4	3	1	1	1	1	2	2	1

2) 雾

本区雾多出现在秋冬两季，年平均雾日数为 12.2 天，最多 20 天。

3）潮汐

黄骅港潮汐性质属于不规则半日潮型，平均潮差为 2.04 米，平均涨潮历时为 5 小时 51 分钟，平均落潮历时为 6 小时 41 分钟。本海区潮位有明显的月季变化，1 月份最低，7 月份最高。图 6-14 和图 6-15 所示为 2011 年 5 月、6 月大小潮期间潮位过程。

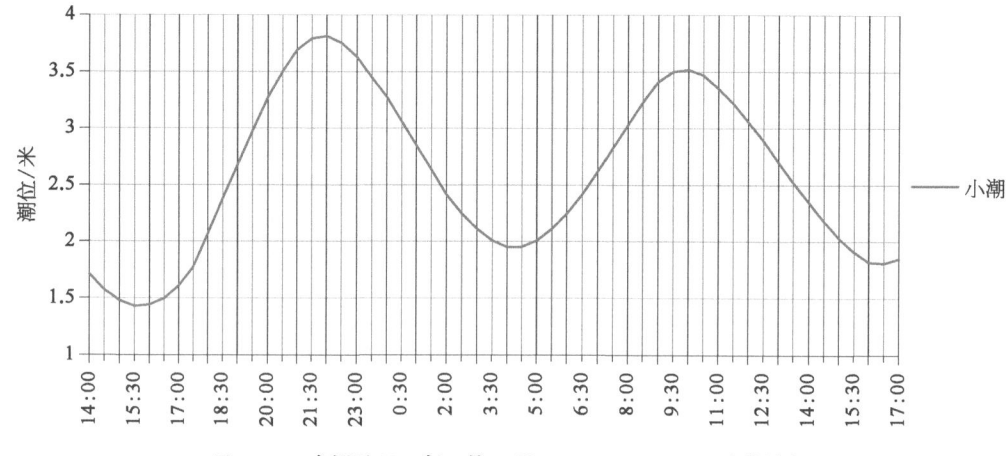

图 6-14 案例四 2011 年 5 月 25 日 14:00—26 日 17:00 潮位过程

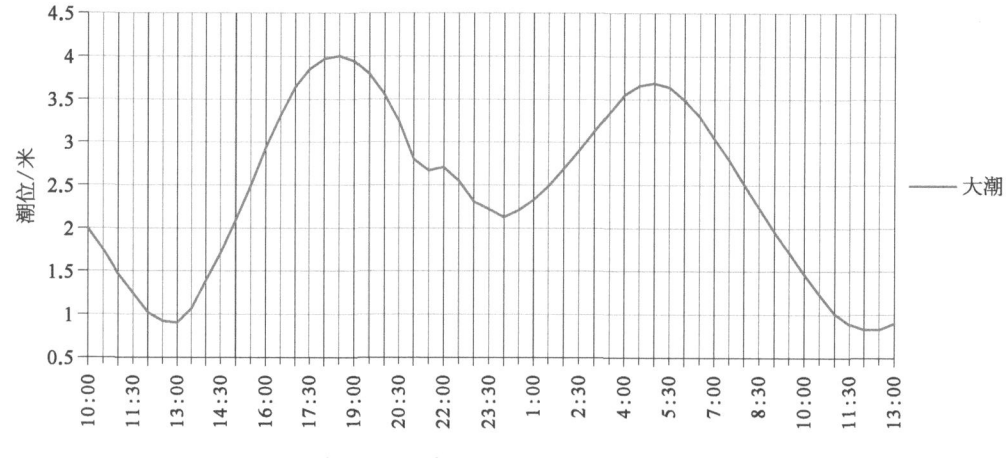

图 6-15 案例四 2011 年 6 月 4 日 10:00—5 日 13:00 潮位过程

4）海流

黄骅综合港区潮流属规则半日潮型，实测涨潮潮段平均流速为 0.29～0.42 米/秒，落潮潮段平均流速为 0.25～0.37 米/秒；涨潮最大流速为 0.50～0.79 米/秒，落潮最大流速为 0.31～0.53 米/秒。外航道沿程流速变化幅度不大，流速较大区域主要集中在口门附近，垂向平均最大横流为 0.43 米/秒左右。大潮期间口门附近测点流速历时变化图如图 6-16 所示。

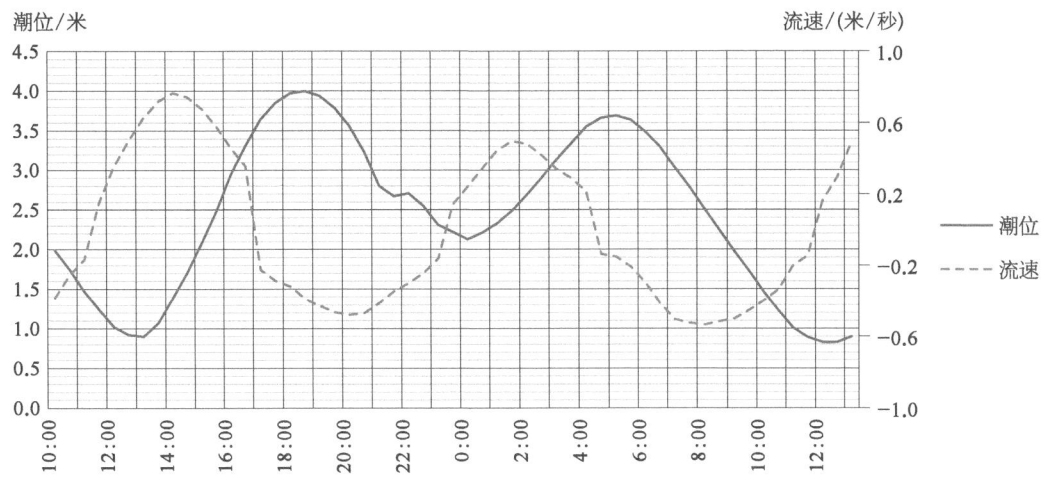

图 6-16 案例四大潮期间口门附近测点流速历时变化图

港区附近受防波堤、航道影响流向有所变化,港区东部外侧及防波堤附近受边界影响水流基本沿边界流动,航道两侧潜堤由于顶标高较低,对流向略有影响,部分水流流动方向穿过潜堤。在涨潮过程中,西向流动水流在工程东侧围填边界附近流向发生变化,部分水流穿越航道继续向前流动,部分水流沿航道方向进入港内。受围填边界影响,部分水流在工程所在港池范围内形成漩涡,如图 6-17 所示。漩涡流速一般小于 0.5 米/秒,漩涡呈椭圆形,范围略大于工程港池,在落潮期间随着港内水流向外流出,漩涡逐渐消失。泊位附近最大流速均出现在涨平时刻,涨平时刻工程局部流场图如图 6-18 所示,此时港外水流正在由涨潮向落潮方向转变,流速较小,部分港外水流穿过航道西侧潜堤进入港内,与航道内水流汇合向港内流动。由于受地形及边界影响,泊位附近漩涡仍然存在,泊位附近流向与航道内流向基本相反。

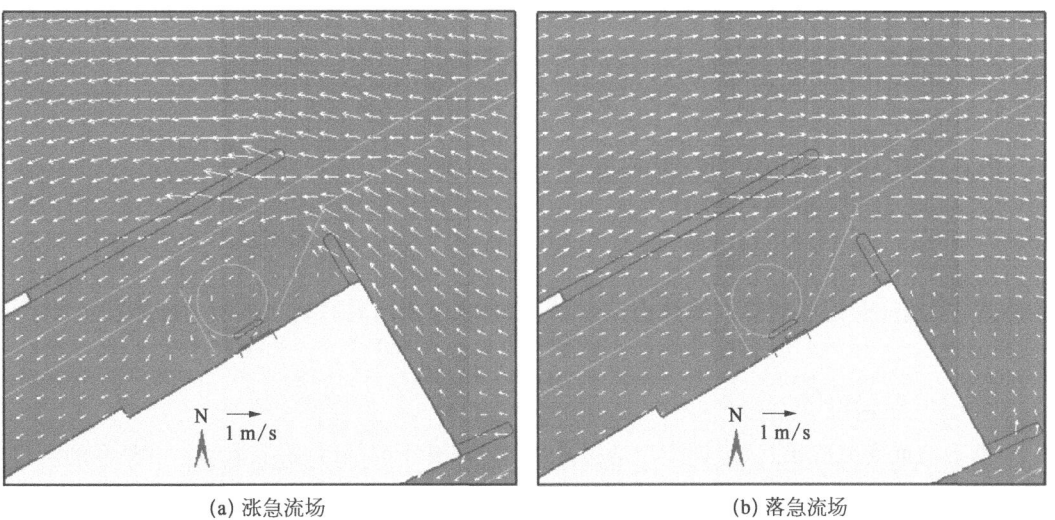

(a) 涨急流场　　　　　　　　　　　(b) 落急流场

图 6-17 案例四工程区涨落急局部流场图

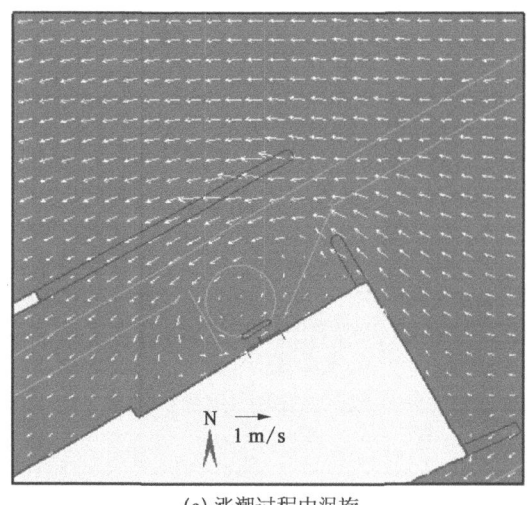 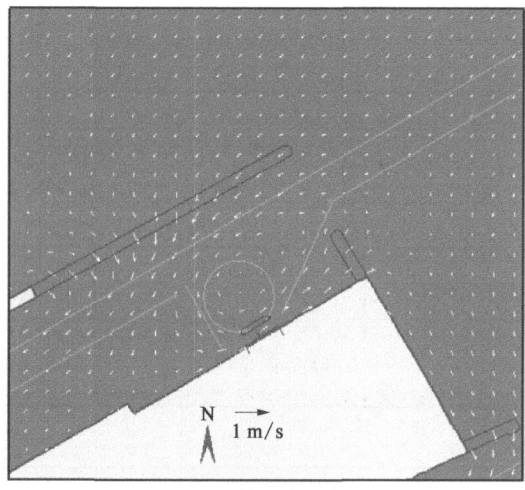

(c) 涨潮过程中涡旋　　　　　　　　(d) 涨平潮时刻流场

图 6-18　案例四工程区涨潮过程中涡旋

5) 波浪

黄骅港区以风浪为主，涌浪为辅。本区常浪向为 E，次之为 ESE，出现频率分别为 8.6% 和 7.7%；强浪向为 ESE，次之为 NE。全年各向波高 H1/10 大于 2 米的出现频率为 3.82%。

6) 海冰

本区地处华北平原，冬季冰情严重，总冰期约 90 天，其中盛冰期约 2 个月。由于滩宽水浅，产生海冰后发展迅速，易形成较大范围的稳定冰区。浮冰造成船舶航速降低、操纵困难，对小型船舶空载进港影响较大。由于航道狭长，在航道末端船舶无法使用导标导航，只能使用浮标，冰凌容易造成浮标移位，对船舶进出港产生不利影响。

6.6　港口空间结构性能演算系统

在分析船舶运动规律、港口资源要素条件（尤其是航道条件）、水文-气象-通航环境的基础上，构建应对不同港口空间结构、不同船舶通航规则的港口空间结构性能演算系统。

6.6.1　航道设置

基于前期研究成果，从远期港口通过能力、航道服务水平以及航道宽度和深度的合理性上看，远期合理的航道通航标准为：远期综合港区及散货港区航道拓宽到 30 万吨级航道、(10 万＋5 万) 船舶双向通航。航道参数设置见表 6-3。

表 6-3 案例四航道参数

通航吨级	单、双向通航标准	航道有效宽度/米
30 万	（5 万＋10 万）	380（按 10 万＋5 万吨级油船）

6.6.2 联通航道

依据中交第一航务工程勘察设计院有限公司提出的联通航道初步方案，联通航道一端位于综合港区航道口门外 3 千米附近，按通航宽度 195 米，设计底标高－14.0 米，满足 7 万吨级散货和集装箱船单向乘潮通航设计。联通航道方案如图 6-19 所示。

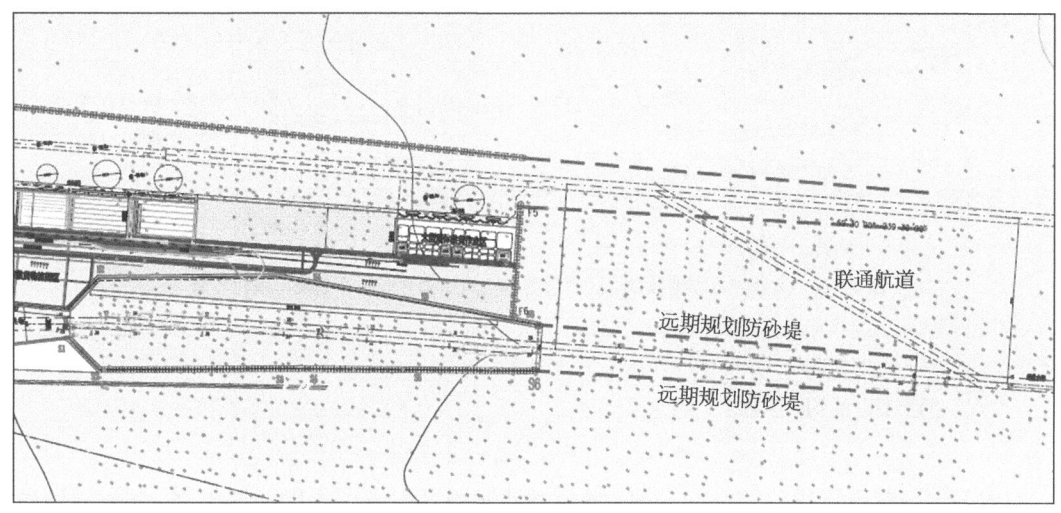

图 6-19 案例四联通航道方案示意图

6.6.3 船舶航路及上下线点

港区其他船舶应根据自身吃水情况选择上、下线点位置，按船舶吨级载态简化模型上下线位置。港区其他船舶上下线点位置见表 6-4。

表 6-4 案例四港区其他船舶上下线点位置

吨　　级	船舶进出港	
	重载/米	空载/米
≤5 万吨级	－12.5	－10
5＜t≤10 万吨级	－14.5	－10
10＜t＜20 万吨级	－18.3	－10
≥20 万吨级	－21.8	－12

在近期严格监管规则下的影响评估中,LNG 船舶进出港上下线点与 20 万吨级航道起点相同,其他分析中 LNG 船舶进出港上、下线点位置为 10 万吨级航道起点。

6.6.4 演算系统可视化界面

案例四黄骅港散货港区附近港口空间结构性能演算系统可视化界面如图 6-20 所示。

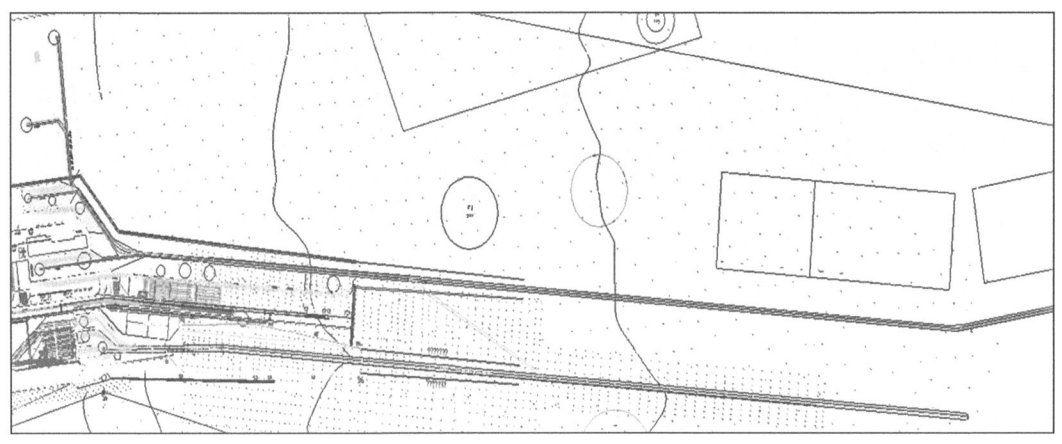

图 6-20 案例四黄骅港散货港区附近港口空间结构性能演算系统可视化界面

6.7 评价指标体系

为了针对性地比较两处不同 LNG 码头选址船舶进出港产生的影响差异,本案例提出了基于均值的评价指标体系,以便后续进行概率统计分析,从而得到更加准确、科学的不同 LNG 码头选址的影响差异对比结果。具体评价指标详见表 6-5。

表 6-5 案例四 LNG 船舶进出港影响评价指标

评价对象	指标类别	具体指标	指标概述
总体概况	艘次指标	船舶年延误影响艘次	全年总进出港受 LNG 船舶进出港影响的平均延误影响艘次
		单艘 LNG 船舶导致的平均延误影响艘次	单次 LNG 船舶进出港导致的平均延误影响艘次
	时间指标	单船平均延误时间	受 LNG 船舶进出港影响的每一艘船舶受延误影响时间均值
分类型	艘次指标	某类船舶平均延误影响艘次	各船型的总进出港延误影响艘次
	时间指标	某类船舶单船平均延误时间	各船型受 LNG 船舶进出港影响的每一艘船舶受延误影响时间均值

6.8 港口资源要素协调优化

6.8.1 航道资源优化

随着国家能源结构调整的有序推进,天然气产供储销体系的逐步构建,海运进口 LNG 作为沿海港口运输的新兴货类,预计未来一段时间内将保持一定增势。根据现行相关规范及管理实际,LNG 船舶在海港进出港航道内航行时应设置移动安全区并实行一定交通管制。鉴于 LNG 船舶的特殊操作性和对安全监管特殊要求,保障 LNG 船舶进出港口航行安全与其通航影响一直是各方关注的焦点。

针对近期严格监管规则下的影响,主要围绕"近期工况"和"近期工况优化"进行评估。

近期工况:鉴于黄骅港尚无 LNG 码头运行经验,LNG 船舶的通航监护需循序渐进,不断累积管理经验,故针对黄骅港总体规划(2016—2035 年)中近期 2025 年 2.08 亿吨吞吐量、预测船舶到港流量 9 151 艘时,设置一个在严格 LNG 船舶通航监管条件下、不设置联通航道的近期工况,进行近期影响评估。

LNG 船舶通航规则如下:
(1) LNG 船舶设置移动安全区。
(2) LNG 船舶通航时提前清空航道,不允许船舶尾随进出港。
(3) LNG 船舶实行单向通航。
(4) LNG 船舶具有第一优先级。
(5) LNG 船舶进出港入口与 20 万吨级航道起点相同。

近期工况优化:主要是在近期工况的基础上,采取优化措施。
(1) LNG 船舶通航时提前清空航道,保证安全距离后,允许船舶尾随进出港。
(2) LNG 船舶进出港上下线点位置为 10 万吨级航道起点。
(3) 有乘潮要求的大型原油船具有第一优先级。
(4) 设置联通航道。

1) 总体影响评估

LNG 船舶通航对港口船舶全年进出港延误艘次、单船平均延误时间和单船平均延误艘次影响的仿真计算结果见表 6-6。

由表 6-6 所示的统计结果可知,近期工况优化后 LNG 船舶通航对港区通航的影响明显减轻。全年船舶延误总艘次减少 57.9%,单船平均延误时间减少 37.0%,单船平均延误艘次减少 57.4%。

表 6-6 案例四航道资源优化下全年总体影响统计

指　　标	近期工况	近期工况优化	相对减少
全年船舶延误总艘次/(艘/年)	378	159	57.9%
单船平均延误时间/小时	7.3	4.6	37.0%
单船平均延误艘次/艘	5.4	2.3	57.4%

2) 分船型影响评估

LNG 船舶通航对港口各类型船舶全年进出港延误艘次与平均延误时间影响的仿真计算结果见表 6-7。

表 6-7 案例四航道资源优化下各类船舶影响相对值统计

分 船 型	近期工况	近期工况优化	相对减少
集装箱船延误艘次/(艘/年)	48	19	60.4%
集装箱船平均延误时间/小时	7.9	3.8	51.9%
散杂货船延误艘次/(艘/年)	208	99	52.4%
散杂货船平均延误时间/小时	7.2	4.6	36.1%
原油船延误艘次/(艘/年)	12	3	75.0%
原油船平均延误时间/小时	8.7	5.1	41.4%
液体化工品船延误艘次/(艘/年)	110	38	65.5%
液体化工品船平均延误时间/小时	6.9	4.9	29.0%

由表 6-7 所示的统计结果可知，近期工况优化后 LNG 船舶通航对港区各类型船舶通航的影响明显减轻，各类型船舶的延误艘次和平均延误时间均有较大减少，尤其是对原油船的影响。

6.8.2 岸线资源优化

结合 LNG 接收站码头最新选址（B 选址），考虑 LNG 船舶进出港上下线点位置为 10 万吨级航道起点、设置联通航道情况，基于黄骅港远期资源开发情境，按年吞吐量 4.6 亿吨计算（预测综合港区及散货港区船舶流量 14 801 艘，煤炭港区 6 515 艘），共设计 1 组工况，对照选址 A 进行迭代对比分析，工况设置详见表 6-8。

表 6-8 案例四岸线资源优化下计算工况

工 况	对照工况 A	工况 B
	A 选址 液体散货作业区东部	B 选址 液体散货作业区西部
LNG 码头选址		

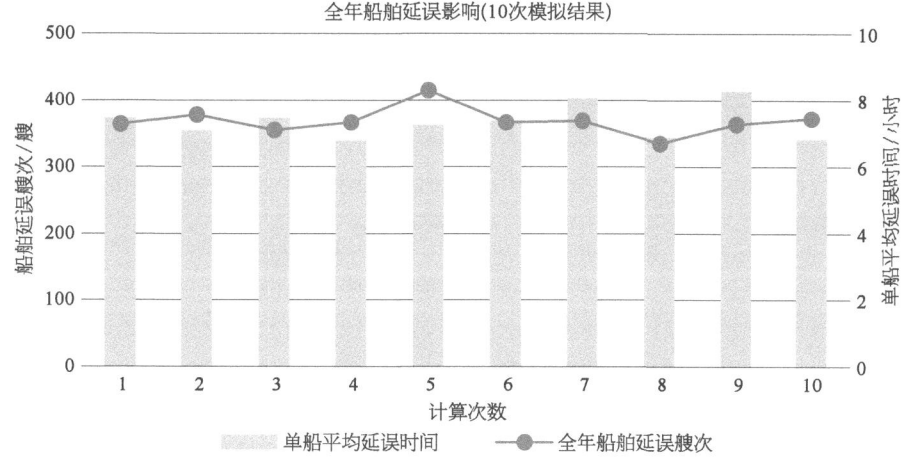

1) 总体影响评估

工况 B 全年船舶延误总艘次与时间如图 6-21 所示,全年受 LNG 船舶进出港管制而延误的平均船舶艘次与工况 A 相比增加了 4.0%。工况 B 单船平均延误艘次如图 6-22 所示。单艘船舶的平均延误时间与工况 A 相比减少了 1.1%;LNG 船舶单次进出港的平均延误的船舶艘次与工况 A 相比增加了 8.0%。

图 6-21 案例四岸线资源优化下工况 B 全年船舶延误总艘次与时间

2) 分船型影响评估

与工况 A 相比,工况 B 下,全年受 LNG 船舶进出港管制,集装箱船延误艘次增加了 2.1%,平均延误时间减少了 10.1%;散杂货船延误艘次增加了 3.4%,平均延误时间减少了 8.7%;原油船延误艘次增加了 22.4%,平均延误时间增加了 31.6%;液体化工品船延误艘次增加了 3.5%,平均延误时间增加了 5.5%。工况 B 全年对各类船舶的影响(10 次模拟结果)如图 6-23 所示,各类船舶影响相对值统计详见表 6-9。

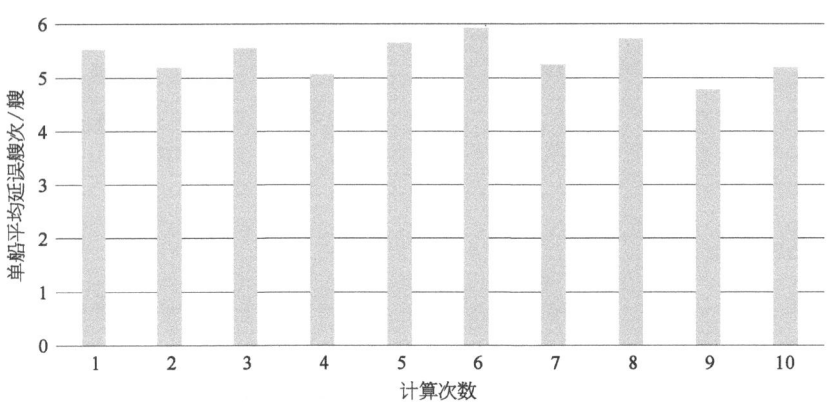

图 6-22 案例四岸线资源优化下工况 B 单船平均延误艘次

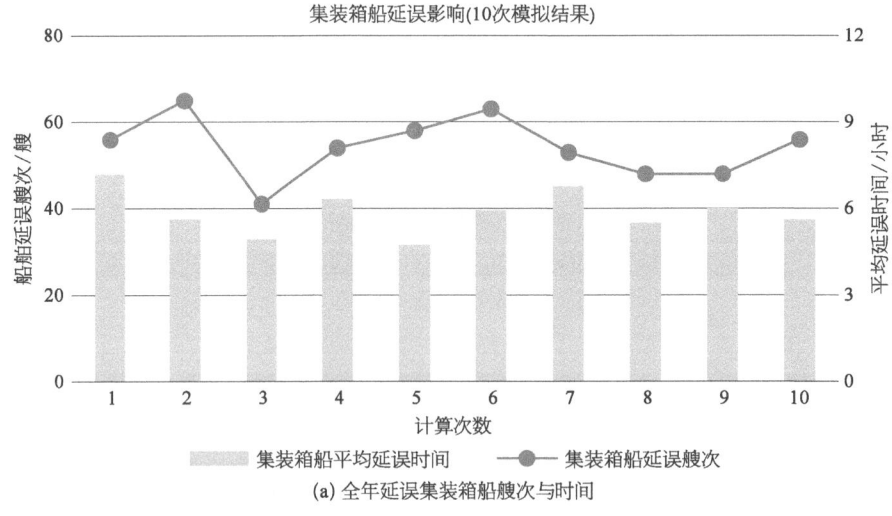

(a) 全年延误集装箱船艘次与时间

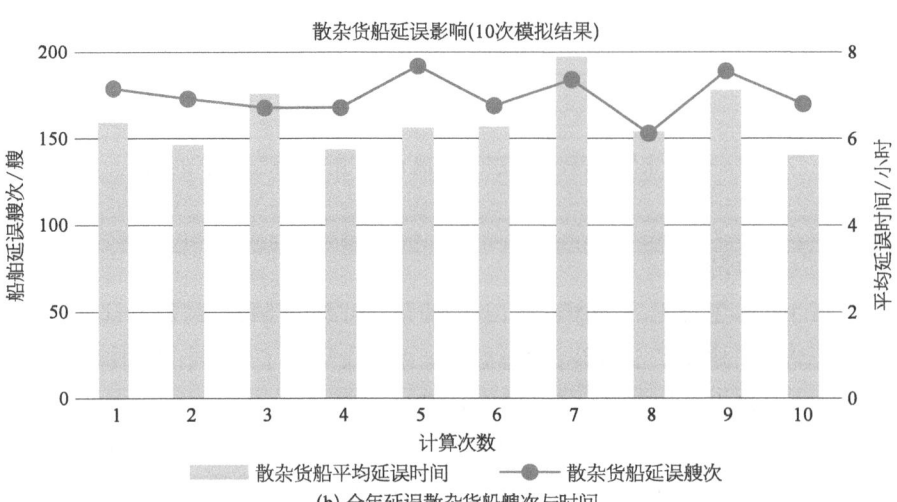

(b) 全年延误散杂货船艘次与时间

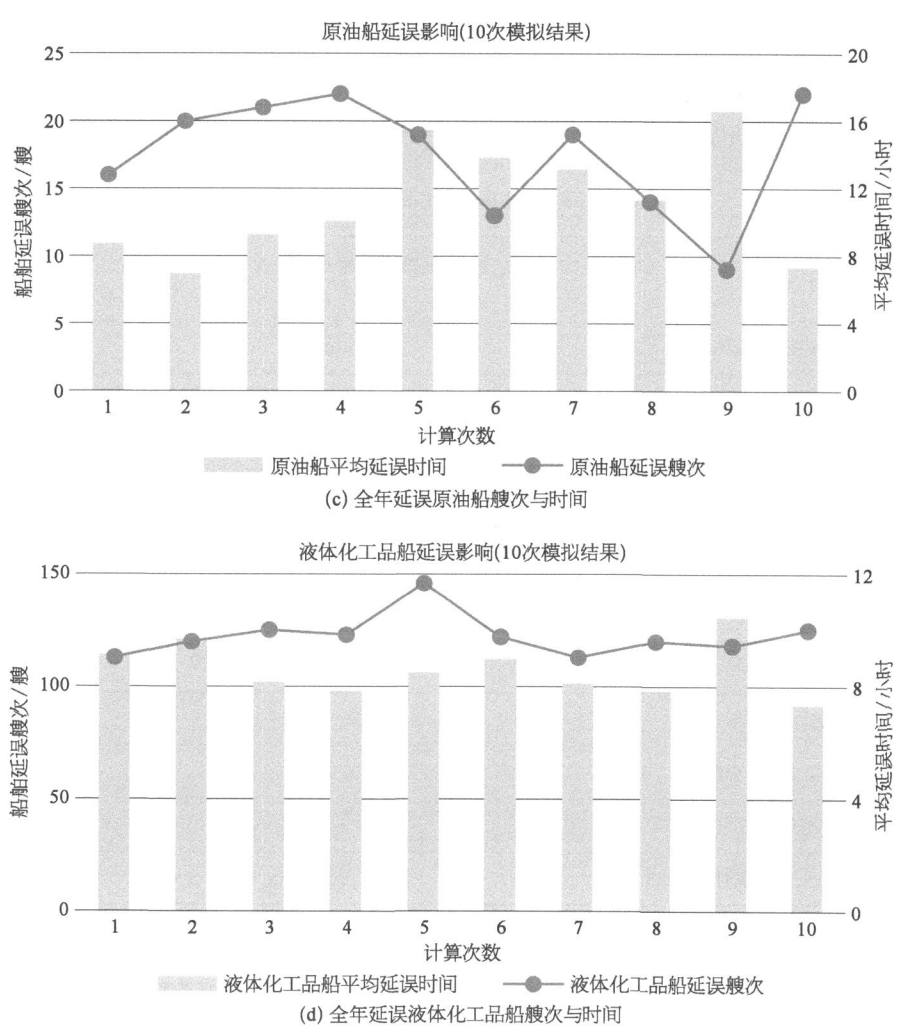

图 6-23 案例四岸线资源优化下工况 B 全年对各类船舶的影响(10 次模拟结果)

表 6-9 案例四岸线资源优化下各类船舶影响相对值统计

分 船 型	工况 B 延误艘次相对工况 A 增加/减少	工况 B 平均延误时间相对工况 A 增加/减少
集装箱船	2.1%	−10.1%
散杂货船	3.4%	−8.7%
原油船	22.4%	31.6%
液体化工品船	3.5%	5.5%

3) 不同选址影响差异的显著性分析

采用单因素方差分析法评价两处不同 LNG 码头位置的 LNG 船舶通航影响差异,见

表 6-10。研究发现，LNG 码头调换位置后相对于原位置，LNG 船舶进出港对单船平均延误艘次以及原油船通航的影响有所增加。工况 B 相较于对照工况 A，其单船平均延误艘次增加了约 8%，原油船延误艘次增加了约 22%，原油船平均延误时间增加了约 32%。

表 6-10 案例四工况 B 与对工况 A 各指标显著性分析

指　　标	工况 B	工况 B 相对工况 A 增加/减少	统计值（P 值）	差异是否显著
全年船舶延误艘次/(艘/年)	369	4.0%	0.176	不显著
单船平均延误艘次/艘	5.4	8.0%	0.017*	↑显著
单船平均延误时间/小时	7.4	−1.1%	0.721	不显著
集装箱船延误艘次/(艘/年)	54	2.1%	0.813	不显著
集装箱船平均延误时间/小时	5.9	−10.1%	0.102	不显著
散杂货船延误艘次/(艘/年)	175	3.4%	0.340	不显著
散杂货船平均延误时间/小时	6.4	−8.7%	0.053	不显著
原油船延误艘次/(艘/年)	18	22.4%	0.049*	↑显著
原油船平均延误时间/小时	12.2	31.6%	0.026*	↑显著
液体化工品船延误艘次/(艘/年)	123	3.5%	0.351	不显著
液体化工品船平均延误时间/小时	8.6	5.5%	0.299	不显著

注：① *代表该指标在两工况指标差异显著。统计值 P 值>0.05(检验标准)，则表示两组工况指标无显著差异(或无统计学意义)；P 值<0.05，则表示两组工况指标差异显著。
② 表中的"显著"表示调换位置后该指标发生了较大变化，而"不显著"则表示从统计学的角度看，两组工况的该指标并没有本质上的差别。

对原油船舶通航影响加大的主要原因有：

(1) 两处码头选址均位于液体散货码头作业区，该作业区的泊位均为大型原油泊位，故 LNG 船舶进出港直接影响邻近的这个液体散货码头作业区。当 LNG 码头从液体散货码头作业区的选址 A(东侧)换至选址 B(西侧)时，选址更加靠内，LNG 船舶通航管制距离增加约 3 千米，根据普遍规律及经验，LNG 船舶通航管制距离越长，其产生的影响相对越大。

(2) 液体散货码头作业区停靠需要乘潮的大型原油船，其时间窗口较固定，且不能夜航。在 LNG 船舶进出港具体更高优先级条件下，LNG 船舶通航管制时间的增加会间接造成其他因素(错过窗口期、无法夜航等)引起的延误效应相互叠加，从而加大对原油船舶的影响。

6.8.3　船舶通航规则优化

根据上述研究分析可知，LNG 码头调换后主要影响的是原油船舶的通航。考虑到原油船舶不能夜航且大型原油船舶需乘潮进出港,时间窗口相对固定,目前在国内较成熟、规范化且有 LNG 船舶通航的港口,针对具有特殊进出港需求(如窗口期固定)的船舶优先调度进出港,从而减小 LNG 船舶对其他船舶通航影响。针对 LNG 码头新选址(B 选址)对原油船影响显著问题,本案例设置了一组考虑船舶通航优化调度的工况 C,即设定对于有乘潮要求的大型原油船具有第一优先级,旨在评估采用此种优化措施下新选址对 LNG 船舶通航的影响。LNG 通航影响优化工况详见表 6-11。

表 6-11 案例四船舶通航规则优化下 LNG 通航影响优化工况

工 况	工况 B(对照)	工况 C
LNG 码头选址	B 选址 液体散货作业区西部	B 选址 液体散货作业区西部
船舶优先级	LNG 船具有第一优先级	有乘潮要求的大型原油船具有第一优先级

1) 总体影响评估

工况 C 下,全年受 LNG 船舶进出港管制而延误的平均船舶艘次与工况 B 相比减少了 6.9%,与工况 A 相比减少了 3.2%;单艘船舶的平均延误时间与工况 B 相比增加了 3.1%,

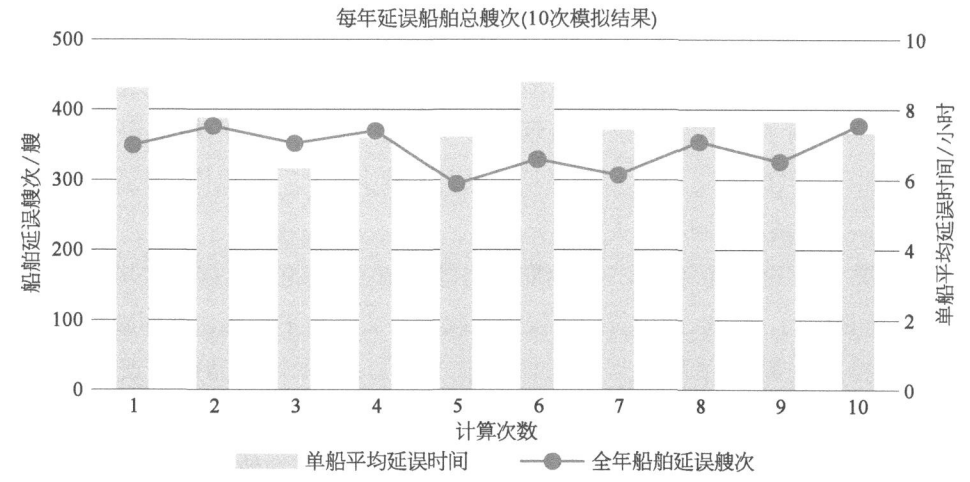

图 6-24 案例四船舶通航规则优化下工况 C 全年船舶延误艘次与时间

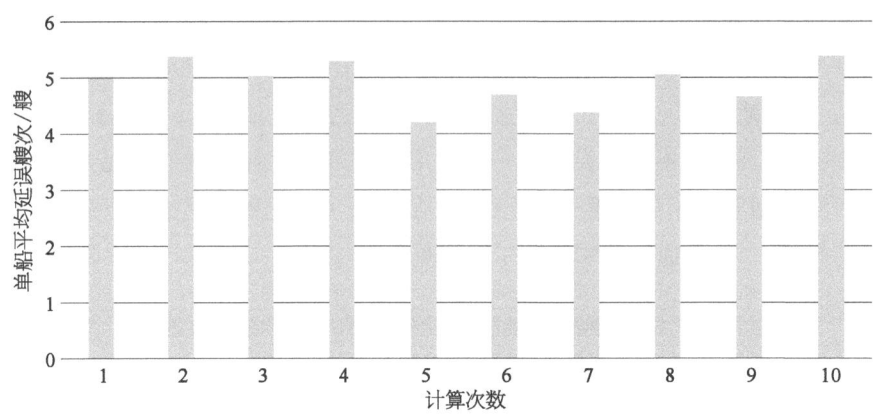

图 6-25 案例四船舶通航规则优化下工况 C 单船平均延误艘次

表 6-12 案例四船舶通航规则优化下全年总体影响相对值统计

指标	工况 C	相对工况 B 增加/减少	相对工况 A 增加/减少
全年船舶延误总艘次/(艘/年)	343	−6.9%	−3.2%
单船平均延误时间/小时	7.6	3.1%	2.0%
单船平均延误艘次/艘	4.9	−9.0%	−1.7%

与工况 A 相比增加了 2.0%。LNG 船舶单次进出港的平均延误的船舶艘次与工况 B 相比减少了 9.0%，与工况 A 相比减少了 1.7%。从总体影响上可以看出，工况 C 相比于工况 B 和工况 A 对港区船舶延误艘次的影响有所减小，对单船平均延误时间的影响略有增大。

2) 总体影响评估

相对工况 B，工况 C 全年受 LNG 船舶进出港管制，集装箱船延误艘次减少了 1.9%，平均延误时间增加了 7.0%；散杂货船延误艘次减少了 11.0%，平均延误时间增加了 2.2%；原油船延误艘次减少了 18.3%，平均延误时间减少了 9.7%；液体化工品船延误艘次减少了 1.6%，平均延误时间增加了 4.9%。

相对工况 A，工况 C 全年受 LNG 船舶进出港管制，集装箱船延误艘次增加了 0.2%，平均延误时间减少了 3.7%；散杂货船延误艘次减少了 7.9%，平均延误时间减少了 6.7%；原油船延误艘次无变化，平均延误时间增加了 18.8%；液体化工品船延误艘次增加了 1.8%，平均延误时间增加了 10.6%。

工况 C 全年对各类船舶的影响(10 次模拟结果)如图 6-26 所示，各类船舶影响相对值统计详见表 6-13。

6 港口多运输目标协同优化案例

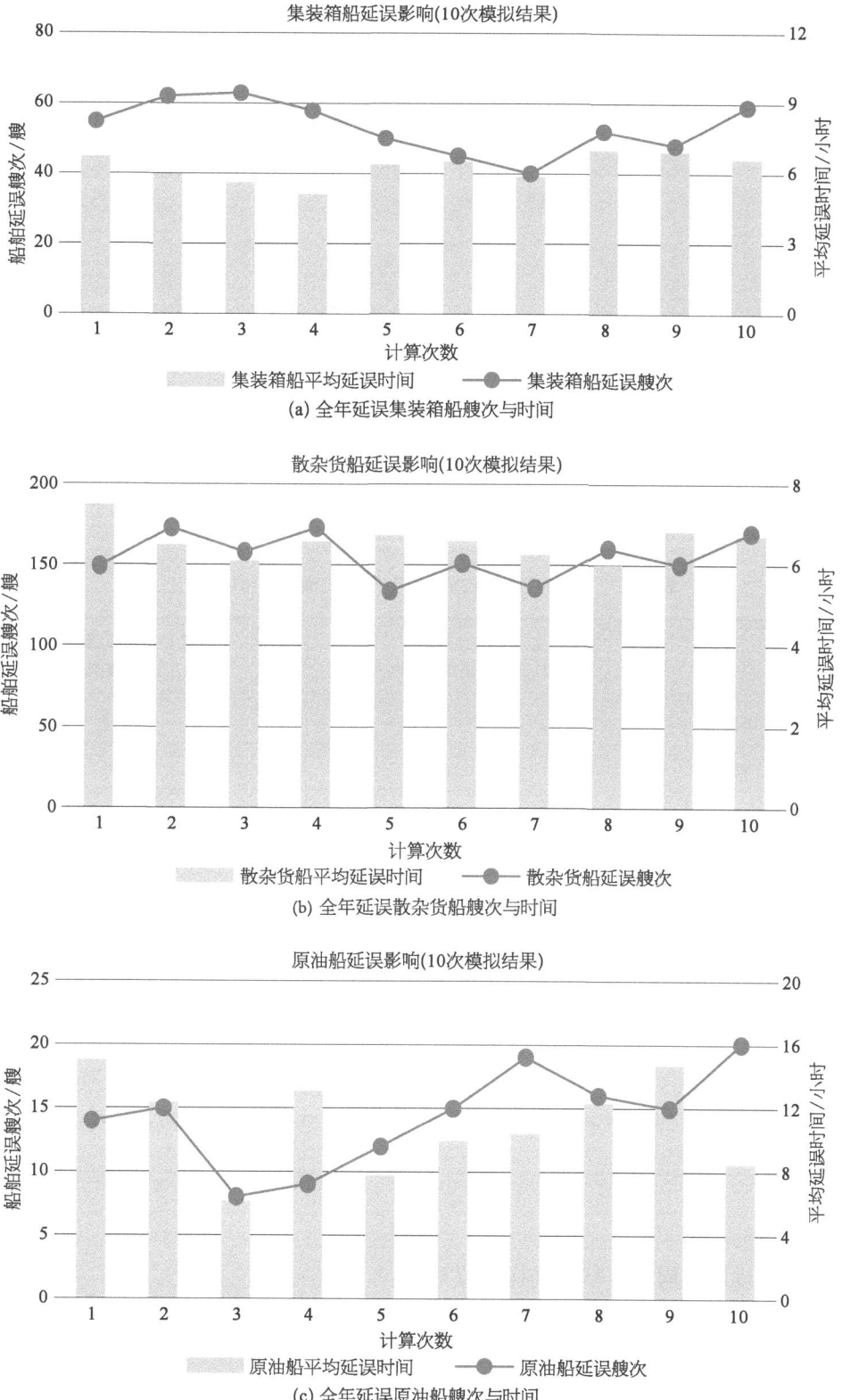

(a) 全年延误集装箱船艘次与时间

(b) 全年延误散杂货船艘次与时间

(c) 全年延误原油船艘次与时间

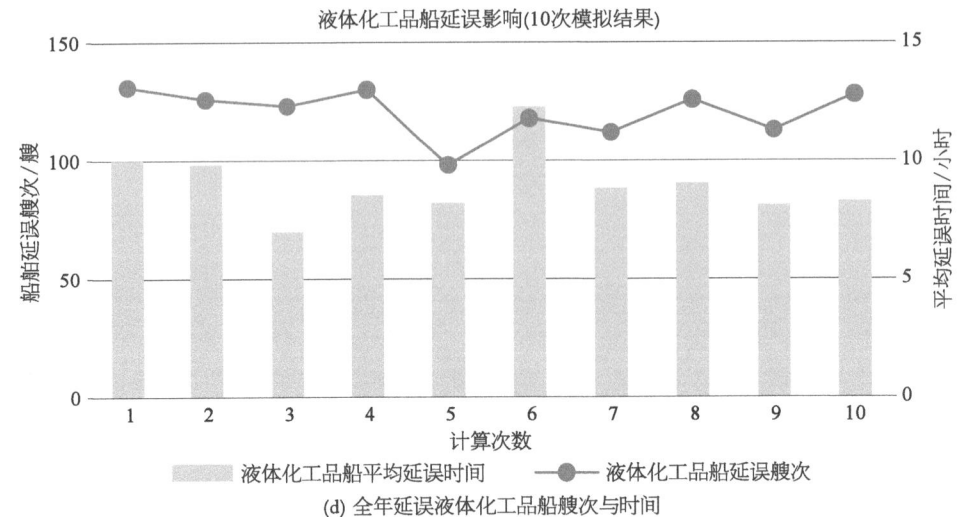

(d) 全年延误液体化工品船艘次与时间

图 6-26 案例四船舶通航规则优化下工况 C 全年对各类船舶的影响（10 次模拟结果）

表 6-13 案例四船舶通航规则优化下各类船舶影响相对值统计

分 船 型	工况 C 延误艘次 相对工况 B 增加/减少	工况 C 平均延误时间 相对工况 B 增加/减少
集装箱船	−1.9%	7.0%
散杂货船	−11.0%	2.2%
原油船	−18.3%	−9.7%
液体化工品船	−1.6%	4.9%
分 船 型	工况 C 延误艘次 相对工况 A 增加/减少	工况 C 平均延误时间 相对工况 A 增加/减少
集装箱船	0.2%	−3.7%
散杂货船	−7.9%	−6.7%
原油船	−0.0%	18.8%
液体化工品船	1.8%	10.6%

6.8.4 远期不同港口空间结构配置对比

结合通航优化后影响的优化工况设置，即设定对于有乘潮要求的大型原油船具有第一优先级，针对新选址，共设四种工况，详见表 6-14。

6 港口多运输目标协同优化案例

表 6-14 案例四远期不同港口空间结构配置工况设计

工况	综合港区及散货港区预测吞吐量/亿吨	预测船舶流量/艘		预测形成泊位/个	
		综合港区及散货港区	煤炭港区	综合港区及散货港区	煤炭港区
工况1	2.4	9 616	7 039	46	28
工况2	3.5	13 034	6 746	66	28
工况3（同工况C）	4.6	14 801	6 515	84	28
工况4	5.7	19 849	6 371	123	28

注：工况3对应港口资源开发阶段1，工况4对应港口资源开发阶段2。

1) 总体影响评估

随着港区吞吐量的增加，LNG船舶通航对港区通航的影响逐渐加剧，全年总体影响统计详见表6-15。全年船舶延误总艘次由203艘/年增长到483艘/年；单船平均延误艘次由2.9艘增长到6.9艘；特别是工况4下的单船平均延误时间已超过12小时，可知当吞吐量达到5.7亿吨时，LNG船舶对港区船舶通航有较大影响。

表 6-15 案例四远期空间结构不同配置下全年总体影响统计

指标	工况1	工况2	工况3	工况4
全年船舶延误总艘次/(艘/年)	203	321	343	483
单船平均延误时间/小时	4.6	6.0	7.6	12.1
单船平均延误艘次/艘	2.9	4.6	4.9	6.9

2) 分船型影响评估

随着港区吞吐量的增加，LNG船舶通航对港区其他船舶通航的影响逐渐加剧，各类船舶影响统计详见表6-16。其中，各工况下散杂货船的延误艘次最大，由91艘/年增长到228艘/年；液体化工品船次之，由79艘/年增长到155艘/年。各工况下原油船的平均延误时间最长，由6.2小时增长到19.1小时；液体化工品船次之，由5.2小时增长到16.1小时。

表 6-16　案例四远期空间结构不同配置下各类船舶影响统计

分船型	工况1	工况2	工况3	工况4
集装箱船延误艘次/(艘/年)	35	48	53	66
集装箱船平均延误时间/小时	4.1	5.1	6.3	8.3
散杂货船延误艘次/(艘/年)	91	149	155	228
散杂货船平均延误时间/小时	5.0	5.6	6.6	9.7
原油船延误艘次/(艘/年)	8	13	14	33
原油船平均延误时间/小时	6.2	8.2	11.0	19.1
液体化工品船延误艘次/(艘/年)	79	111	121	155
液体化工品船平均延误时间/小时	5.2	6.5	9.0	16.1

6.9　主要应用效果

从近期严格监管,到不同码头选址对比,再到船舶通航规则优化,最后聚焦远期不同港口资源配置的影响,层层递进,步步迭代,为黄骅港散货港区及相关港口航道资源以及泊位资源的协调优化进行了深入研究。研究表明:

(1) 将原LNG码头位置从液体散货作业区东部调换到西部时,主要对原油船的影响加大,对其他船舶的影响变化不明显。

LNG码头调换位置后相对于原位置,LNG船舶进出港对单船平均延误艘次以及原油船通航的影响有所增加,换位置后单船平均延误艘次增加了约8%,原油船延误艘次增加了约22%,原油船平均延误时间增加了约32%。

(2) 采用提升乘潮大型原油优先级的优化通航组织方式,对减缓调换LNG码头位置导致的原油船舶延误具有较好效果。优化后,新LNG码头位置的船舶进出港影响与老位置的影响程度基本相当。

目前,国内个别已建LNG码头的港口,在实际的调度与管理过程中,针对具有特殊进出港需求(如窗口期固定)的船舶会适时优先调度进出港,从而减少LNG船舶对其他船舶通航的影响。基于上述实践经验,LNG码头新选址条件下,采用提升乘潮大型原油优先级的优化通航组织方式,全年船舶延误总艘次减少了约7%,单船平均延误艘次影响减少了约9%,且对原油船和散杂货船的影响有明显改善,散杂货船延误艘次减少了约11%,原油船延误艘次减少了约18%。采用优化措施后,LNG码头新位置对船舶进出港的影响与老位置基本相当,且对散杂货船延误影响有改善效果。

(3) 远期基于更改船舶上下线点和设置联通航道、提升大型乘船原油优先级等措施共同实施情况,随着港区吞吐量的增加,LNG 码头新位置的 LNG 船舶对港区通航影响逐渐加剧。当综合港区及散货港区预测吞吐量达 4.6 亿吨时,LNG 码头新位置导致的全年船舶延误总艘次为 343 艘/年、单船平均延误艘次 4.9 艘、单船平均延误时间为 7.6 小时。

(4) LNG 接收站运营初期,监管措施较为严格。预计综合港区及散货港区预测吞吐量 2.08 亿吨时,在不采取任何优化措施、LNG 船舶通航严格监管条件下,LNG 码头新位置导致的港区全年船舶延误总艘次为 378 艘/年、单船平均延误艘次为 5.4 艘、单船平均延误时间为 7.3 小时。随着管理经验的不断累积,监管措施将逐步优化。在采取更改 LNG 船舶上下线点、保证安全距离下船舶可尾随 LNG 船进出港、设置联通航道和提升大型乘船原油优先级等措施后,全年船舶延误总艘次降低至 159 艘/年、单船平均延误艘次降低至 2.3 艘、单船平均延误时间降低至 4.6 小时。

相关研究成果是《黄骅港散货港区液体散货码头作业区规划调整方案》的重要支撑,该调整方案已于 2022 年 9 月获沧州市人民政府批复。

7 总结与展望

7.1 核心技术方法

本研究以船舶行为链为"引",以多目标多维度评估指标体系为"尺",以港口空间结构性能分析算法模型为"器",创新港口航道-锚地-泊位空间资源时空迭代优化技术,形成了1套技术、4个系统、1个算法模型、1个数据库以及1个优化导则。具体4项核心技术和8项具体方法的核心技术方法体系如图7-1所示。

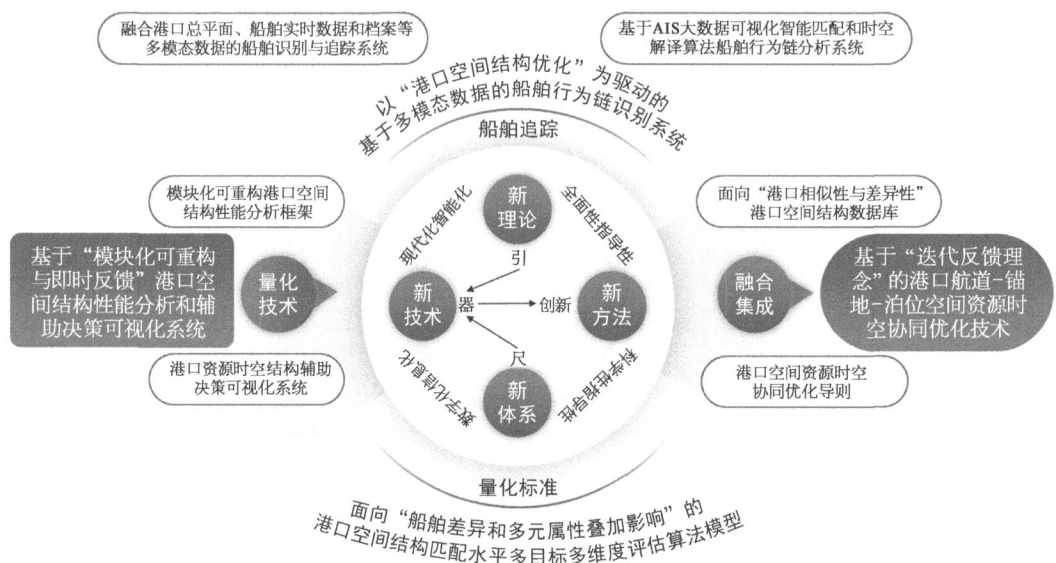

图 7-1 基于船舶行为链解析与组构的港口空间结构迭代优化关键技术方法体系

7.1.1 四项核心技术

（1）港口资源要素全覆盖的多模态船舶行为链数据识别系统。
（2）面向港口空间结构优化的多目标多维度评估算法模型。
（3）基于模块化可重构与即时反馈的港口空间结构性能演算及可视化系统。
（4）基于"船舶行为链"的港口空间资源迭代优化技术。

7.1.2 八项具体成果

（1）融合"港口航道-锚地-泊位空间信息、船舶实时数据和档案信息等多模态数据"的船舶识别与追踪系统。

（2）基于"AIS大数据可视化智能匹配和时空解译算法"的船舶行为链分析系统。

（3）面向港口空间结构优化的多目标多维度评估算法模型。

（4）以"船舶航行行为链"为驱动，基于"航道-锚地-泊位-船舶链接互馈""水文-气象-通航环境叠加影响"下的模块化可重构港口空间结构性能演算系统。

（5）基于即时反馈与信息视觉化的港口空间结构性能可视化系统。

（6）基于"船舶行为链"的港口空间资源迭代优化技术。

（7）面向"港口相似性与差异性"港口空间结构数据库。

（8）面向"港口相似性与差异性"港口空间资源迭代优化导则。

7.2 关键技术突破

本书是针对新时期提升港口规划水平和技术能力的开创性研究，对于提升港口规划的科学性、全面性、引领性和指导性，助力实现港口行业现代化、智能化、数字化、信息化的高质量发展新业态等方面有积极示范效应。

7.2.1 时空协同，理论创新

面向动态船舶为纽带，开创的港口空间结构优化关键技术既是对过去港口规划方法的凝练总结，也是结合最新规划量化方法拓展至港口空间资源协同优化的提质增效。创新港口规划手段，解析高质量、高效率的港口空间结构，追求高适配度的港口规划方案，满足高品质运输服务需求，实现港口船舶-航道-泊位-锚地各要素的时空协调以及高效利用，是对新常态下港口规划与运营新理论与新方法的积极探索。

7.2.2 自成体系，技术创新

通过指标体系定量评估、算法模型迭代研究、港口要素协同优化、知识经验精准施策等组成的系统、全面、深入的港口空间布局优化方法及技术，创新提出"船舶行为链"理论，创构模块化、通用性港口空间结构性能演算系统，系统辨识并量化表达"港口船舶-航道-泊位-锚地"等多要素之间的互馈关系，解构港口空间结构与功能要素耦合表达，推动形成港口空间规划技术新体系，进一步支撑港口空间布局规划的科学性、合理性。

7.2.3 引领提升，推广创新

面向港口资源高效利用及未来高质量发展，结合关键技术的应用实践，以数据知识库、实践应用导则等媒介，形成一种可拓展的、可复制的、可推广的解题思路、技术手段以及推广方式，实践步骤清晰，逻辑框架缜密，对未来其他港口的相关规划研究具有积极示范作用。面向现阶段技术创新发展需求，上述研究方法是随着在更多港口规划项目中的实践经验总结,可结合推广应用的实际进行不断优化,丰富技术手段,不断引领新时代港口规划工作开展。

7.3 应用推广方向

本书提出的关键技术和方法对于贯彻落实党中央、国务院打造世界一流的智慧港口、绿色港口,大力推进水运业高质量发展具有重要的意义。面向港口空间结构整体协调规划,最大化发挥系统效能,有力推动我国传统港口规划和运营管理向以数字化、网络化、智能化为主线的现代化港口精细化规划布局转变,是面向新时代港口精准规划的理论及技术突破,具有较强的示范意义和推广价值,产生的经济效益、社会效益、环境效益十分显著。

1) 为现代化港口精细化规划布局提供技术支撑,适用范围广泛

以数据知识库、实践应用导则等媒介,形成一种可拓展的、可复制的、可推广的解题思路、技术手段以及推广方式,成功应用到宁波舟山港、营口港、南通港、盐城港、潍坊港、唐山港、盘锦港、茂名港、嘉兴港、黄骅港、广州港、大连港、北海港、龙口港、连云港港、北部湾港、丹东港17个沿海港口,有效地提高了港口资源匹配水平,提升了船舶运输效率和港口服务水平,加速形成港口规划分析新业态,为推动行业理论创新和科技进步做出了重要贡献。在解决已建港区码头升级、新建港区的空间功能规划、复杂水域航道布局优化和通航环境改善等规划问题上具有重要的指导作用和示范效应。目前,相关规划理念和技术方法已成功实践到国内数十个沿海港口规划项目,相关理论和技术成果被采纳,有力支撑了我国规划方案的科学性和引领性,为国家重大水运工程项目批复和建设决策提供了重要依据,也为行业主管部门管理水平的提升发挥了积极作用。

2) 推动港口规划理论创新和科技进步,应用前景广阔

创新港口规划手段,解析高质量、高效率港口空间结构,追求高适配度的港口规划方案,满足高品质运输服务需求,基于船舶航行行为链以及多元属性叠加影响,实现港口船舶-航道-泊位-锚地各要素的时空协同以及高效利用,是对新常态下港口规划与运营新理论、新方法和新技术的积极探索。一方面,面向规划方案的量化、对比、优化、决策等一揽子问题,创新以船舶为动态纽带,围绕港口空间结构水平量化、性能评估、迭代优化主线,首次提出了一整套涵盖技术、系统、算法模型、分析框架、数据库和优化导则等方方面面的系统化破题方案。另一方面,经过长期的成功实践应用和不断完善创新,针对港口空间结构的差异化问题,首次形成了一种可扩展、可复制、可推广的港口航道-锚地-泊位资源时空协同优化,促进港口规划的论创新和科技进步。

(1) 该技术可广泛应用于港口、航道规划与设计、船舶通航影响分析、船舶行为链识别

以及多方案优选等领域,对其他港口的规划研究具有积极的示范作用。

(2) 该技术推动了交通运输规划、设计、评估等领域中新理论、新方法和新技术的示范和应用,提升了港口规划的科学性、全面性、引领性和指导性。

(3) 该技术融合多源多模态数据、数据库、多智能体仿真等,有助于实现港口行业的现代化、智能化、数字化、信息化,为港口行业的高质量发展开辟了新的业态。

3) 促进水运行业高质量发展,经济社会环境效益显著

本书提出的关键技术和方法在经济、社会和环境方面效益显著,未来将结合实际研究需求,统筹考虑相关应用推广。

(1) 应用港口空间结构迭代优化关键技术编制的港口规划批复实施后,在满足港口资源匹配水平的前提下,通过科学规划和合理使用港口航道、锚地、泊位等资源,协同优化港口空间结构,有效地提高了港口通过能力,提升了船舶运输效率和港口服务水平,进而拉动港口腹地区域经济增长,节省物流成本,有助于促进水运高质量发展和满足港口提质增效需求,港口建设运营的直接和间接经济效益显著。

(2) 从港口资源集约、高效利用出发,开展了港口空间结构协同优化研究,全面贯彻实施统筹利用土地、水域和岸线等资源,实现资源节约集约利用,为全面加强生态环境保护、建设美丽中国做出贡献,也有效地支撑了我国港口资源的科学合理布局和规划,促进港口高质量发展。

(3) 面向港口空间结构匹配水平的量化需求,选择船舶通航及作业效率作为衡量尺,综合考虑港航系统水文、气象、通航环境等多元属性,围绕航道、锚地、泊位资源的结构与功能,集成专家咨询、行业调研、指标赋权、定量定性结合等不同方法,构建通航效率多目标多维度综合评价指标体系,评估不同通航规则下船舶通航效率,针对性提出优化措施,为海事部门提升航道运行管理水平提供了重要决策依据。

(4) 从码头选址布局方案、航道条件改善、水域交通流组织优化等角度,全方位多维度协调优化港口空间结构,并提高船舶通航效率,有效地减少受资源限制产生的船舶进出港延误,将减少航运过程中燃油消耗、降低污染物排放,对改善区域环境质量具有积极作用,引导探索"双碳"目标下的港口绿色发展实施路径。

参考文献

[1] Chen Shen, Jun Hao, Dachuan Wang, et al. 2023. Feasibility Study of Berth Updating based on Multi-Agent Simulation Technology[C]//The 15th International Conference on Computer Modeling and Simulation, Dalian China. New York, NY：ACM, 2023：7.

[2] 沈忱,齐越,王达川,等.一种融合 AIS 数据挖掘的港口水域规划方法及系统：5082483[P].2022-04-15.

[3] 薛天寒,董敏,沈忱,等.开敞岛礁海域环境大型 LNG 码头规划布置关键问题[J].水运工程,2022(7)：46-51.

[4] 薛天寒,杨欣,沈忱,等.营口港仙人岛港区 LNG 码头选址规划方案[J].水运工程,2022(2)：64-69.

[5] 房卓,姚海元,王达川,等.基于多要素比选的连云港港 LNG 接收站码头选址[J].水运工程,2022(1)：66-72.

[6] 沈忱,张民辉,苏孟超,等.不同通航模式下 LNG 泊位组船舶通航效率研究[J].港工技术,2021,58(5)：94-98.

[7] 李倍莹,张新宇,沈忱,等.基于改进 K 中心点聚类的船舶典型轨迹自适应挖掘算法[J].上海海事大学学报,2021,42(3)：15-22.

[8] 沈忱,曹乐乐,董敏,等.面向复杂环境的 LNG 码头合理布局规模仿真案例分析[J].水运工程,2020(7)：187-193.

[9] 沈忱,赵晓艺,齐越,等.复杂水域船舶进出港全过程仿真建模方法[J].港工技术,2020,57(1)：12-17.

[10] 沈忱,房卓,张民辉,等.单航道多泊位的液化天然气码头建设规模仿真研究[J].水运工程,2019(11)：122-126.

[11] 沈忱,孙路,鲍建宇,等.曹妃甸 LNG 码头建设规模与通航效率的适应性[J].水运工程,2019(12)：70-74.